Hartmut Kasten

0–3 Jahre

D1721084

Hartmut Kasten

0–3 Jahre

Entwicklungspsychologische
Grundlagen

Beltz Verlag · Weinheim und Basel

Ihre Wünsche, Kritiken und Fragen richten Sie bitte an:
Verlagsgruppe Beltz, Fachverlag Frühpädagogik
Werderstraße 10, 69469 Weinheim.

ISBN 3-407-56265-9

Planung/Konzept: Ulrike Bazlen, Weinheim
Lektorat: Birgit Huber, Freiburg; Carolin Küstner, Freiburg; Ulrike Bazlen, Weinheim
Herstellung: Anja Kuhne, Weinheim
Satz: Markus Schmitz, Büro für typographische Dienstleistungen, Münster
Druck und Bindung: Druck Partner Rübelmann, Hemsbach
Umschlaggestaltung: glas ag, Seeheim-Jugenheim
Titelfotografie: Heidi Velten, Leutkirch
Fotos: Jochen Fiebig, Hartmut Kasten, München
Printed in Germany

Weitere Informationen finden Sie im Internet unter http://www.beltz.de

Inhalt

Geleitwort

Das hier vorliegende, von meinem Kollegen und Mitarbeiter Prof. Dr. Dr. Hartmut Kasten verfasste Buch »0–3 Jahre – Entwicklungspsychologische Grundlagen«, entstand im Rahmen seiner Arbeiten für den Bayerischen Bildungs- und Erziehungsplan (BEP), der dankenswerterweise ebenfalls vom Beltz Verlag verlegt wurde. Nicht nur mit der Implementierung des BEP wurde im vergangenen Jahr begonnen, sondern in ganz Deutschland und in einer Reihe weiterer europäischer Länder startete eine Bildungsoffensive im Elementarbereich. Diese wurzelt in der – durch zahlreiche wissenschaftliche Forschungsergebnisse belegten – Erkenntnis, dass in den ersten sechs Lebensjahren die entscheidenden Fundamente für eine erfolgreiche Schul- und Bildungslaufbahn des Kindes gelegt werden.

In vorliegendem Buch werden die entwicklungspsychologischen Grundlagen der frühen Kindheit in anschaulicher und verständlicher Form dargestellt. Es wurde in erster Linie für die Praxis geschrieben, also insbesondere für Eltern mit Kleinkindern und für Professionelle, die in Einrichtungen des Elementarbereiches (vor allem in Kinderkrippen, Frühförderstellen, Kindertagesstätten) tätig sind. In der Entstehung befindet sich ein zweiter Band »4–6 Jahre – Entwicklungspsychologische Grundlagen«, der im nächsten Jahr erscheinen wird. Beide Praxisbücher sollen nicht nur in Bayern die Bildungsoffensive im Elementarbereich unterstützen, sondern darüber hinaus alle interessierten Fachkräfte, Eltern und anderen Personen erreichen, die sich gegenwärtig in Deutschland und anderen Ländern in einer europaweiten Aktion bemühen, die Bildungsqualität der ihnen anvertrauten Kinder zu verbessern.

Prof. Dr. Dr. Dr. Wassilios E. Fthenakis
Direktor des IFP – Staatsinstituts für Frühpädagogik
August 2004

Einleitung

Das vorliegende Buch bietet ErzieherInnen, Eltern und anderen Interessierten einen grundlegenden Überblick über die kindliche Entwicklung in den ersten drei Lebensjahren. Entwicklungsschritte werden nachvollziehbar dargestellt, leicht verständliche Einführungen in Theorie und Forschung von Entwicklungspsychologen ermöglichen eine komplexe Auseinandersetzung mit dem Thema.

Nicht nur für alle, die mit 0- bis 3-Jährigen zu tun haben, soll dieses Buch eine informative und interessante Grundlage darstellen, sondern auch für diejenigen, die ältere Kinder betreuen. Denn in den ersten drei Lebensjahren finden entscheidende Prägungen statt, die sich auf das ganze weitere Leben der Kinder auswirken. Das betonen zumindest psychoanalytisch und psychobiologisch orientierte Autoren. Behavioristisch und lerntheoretisch orientierte Psychologen dagegen betonen die nahezu unbegrenzte Flexibilität und Plastizität menschlicher Anpassungs- und Lernfähigkeit. Und damit befinden wir uns schon mitten in der kontroversen Diskussion über die Bedeutung der frühen Kindheit für die menschliche Entwicklung, die in diesem Buch immer wieder aufgegriffen wird. In einem Punkt ist sich die Fachwelt heute aber weitgehend einig: Das Neugeborene ist kein hilfloses, instinkt- und reflexgesteuertes Wesen – wie jahrhundertelang angenommen wurde –, sondern ein komplett ausgestatteter, überaus kompetenter Säugling.

Wenn wir uns – ganz naiv und ohne Vorannahmen – mit der Frage befassen, was dazu beiträgt, dass sich das Neugeborene vom Säugling zum Krabbelkind, dann zum Kleinkind und schließlich zum Kindergartenkind entwickelt, dann fällt uns wohl an erster Stelle ein, dass es angemessen versorgt und liebevoll betreut werden muss, damit es gesund bleibt und zu einem glücklichen Kind heranwächst. Was als »angemessen« und »liebevoll« angesehen wird, ist abhängig von persönlichen Einschätzungen und Wertmaßstäben. Nicht ohne Grund haben Frühpädagogen darauf aufmerksam gemacht, dass es in der Kleinkindbetreuung – teilweise bedingt durch die Lebensumstände – sowohl Überversorgung und Überbehütung als auch Vernachlässigung und Unterversorgung gibt.

Neben der »von außen« erfolgenden Versorgung und Betreuung müssen auch die von »innen« gesteuerten Vorgänge und Reifungsprozesse, d. h. die biologischen Anlagen, berücksichtigt werden, wenn von Kleinkindentwicklung die Rede ist. Diese »inneren« Anlagefaktoren und »äußeren« Umwelt- bzw. Sozialisationsfaktoren können nicht auseinander dividiert werden (beliebt ist z. B. die Frage, inwieweit unsere Intelligenz angeboren ist), sondern müssen in ihrem Zusammenwirken und Aufeinanderbezogensein analysiert werden.

Doch wie läuft die Entwicklung nun im Detail ab? Über welche Anlagen verfügt das Neugeborene? Wie nimmt es auf deren Grundlage Kontakt mit seiner Umwelt auf und wie sollten sich Bezugspersonen (d. h. in der Regel die Mutter oder andere Hauptbezugspersonen) verhalten? Passiv reagieren, eine Weile abwarten, ob sich das Neugeborene nicht von selbst beruhigt? Oder aktiv gestalten und regulieren, also z. B. Trost spenden, wenn es quengelt oder weint?

Die Antworten, die ErzieherInnen, Eltern und andere Interessierte in diesem Buch vorfinden, stützen sich auf den aktuellen Forschungsstand der Entwicklungs- und Pädagogischen Psychologie. Die nach meiner Einschätzung wichtigsten Ergebnisse werden anschaulich chronologisch dargestellt – vorgeburtliche Entwicklung, Neugeborenenphase, erstes, zweites und drittes Lebensjahr – und nach körperlichen, psychischen und sozialen Entwicklungsbereichen gegliedert. Auf diese Weise soll in einer leicht verständlichen

Form ein Überblick über die kindliche Entwicklung in den ersten drei Lebensjahren entstehen.

Bedanken möchte ich mich bei Frau Eva-Katharina Brunner für ihre konstruktiven Rückmeldungen zur ersten Fassung des Manuskripts und bei Frau Gerlinde Wagner für ihre Unterstützung bei der technischen Manuskriptbearbeitung.

Mein besonderer Dank gilt Frau Ulrike Bazlen, Leiterin der Fachverlage Frühpädagogik und Pflege beim Beltz Verlag, und den beiden Lektorinnen Birgit Huber und Caroline Küstner aus Freiburg, deren kontinuierliche inhaltliche Rückmeldungen und engagierte sprachliche Überarbeitung sehr hilfreich waren.

1

Anlage und Umwelt – ein stetes Wechselspiel

Anlage und Umwelt lassen sich nicht eindeutig, z.B. in prozentualen Anteilen, auseinander dividieren. Entsprechend ist in diesem Buch mit Umwelt die gesamte Umgebung des Kindes gemeint, also sowohl die materielle als auch die soziale Umgebung einschließlich seiner Bezugspersonen. Ein schönes Beispiel für das enge Zusammenwirken von Anlage- und Umweltfaktoren findet sich in der **Zwillingsforschung.**

Welches von zwei eineiigen Zwillingspaaren entwickelt sich von seiner Persönlichkeit her ähnlicher? Das Zwillingspaar A, das zusammen bei seinen leiblichen Eltern aufwächst, oder das Zwillingspaar B, das nach der Geburt getrennt wird und bei unterschiedlichen Adoptiveltern groß wird? Es drängt sich eigentlich die Antwort A auf, die angesichts gegenteiliger Forschungsbefunde jedoch als unzutreffend zurückgewiesen werden muss. Tatsächlich bleibt sich das Zwillingspaar B ähnlicher, auch wenn es in verschiedenen Elternhäusern aufwächst. Da sich diese im Endeffekt aber oft sehr ähneln, weil Adoptiveltern in aller Regel der gebildeten, gut situierten oberen Mittelschicht angehören, ist das nicht wirklich verwunderlich. Das zusammen aufwachsende Zwillingspaar A dagegen muss sich voneinander abgrenzen und eine jeweils eigene Identität entwickeln, um nicht Gefahr zu laufen, dauernd verwechselt zu werden.

Kurios ist, dass der gesicherte Befund aus der Zwillingsforschung sowohl von Anlagetheoretikern aufgegriffen wird, um die »Macht der Gene« zu belegen, als auch von Milieutheoretikern, um zu demonstrieren, welch immenser Einfluss Umweltfaktoren zukommt. Die Anlagetheoretiker behaupten, dass sich das separat aufwachsende Zwillingspaar B so ähnlich bleibt, weil es sich sozusagen ohne störende Wechselwirkungen gemäß seinen Anlagen entfalten kann; die Milieutheoretiker weisen auf die ähnlichen sozio-ökonomischen Milieus in den Adoptivfamilien hin, welche bewirken, dass sich die Zwillinge sehr ähnlich entwickeln.

Es kommt bei der Beschreibung der kindlichen Entwicklung also darauf an herauszuarbeiten, wie Anlage- und Umweltfaktoren zusammenwirken und aufeinander bezogen sind. Hierzu gibt es in der Entwicklungspsychologie unterschiedliche Auffassungen, die es sich näher zu betrachten lohnt. Grob voneinander abgrenzen lassen sich passive, hervorgerufene (evokative) und aktive Anlage-Umwelt-Effekte.

Passive Anlage-Umwelt-Effekte

Mit **passiven Anlage-Umwelt-Effekten** sind Einflüsse der Umwelt auf das Kind gemeint, die dadurch entstehen, dass Eltern Angebote zur Verfügung stellen, die nicht unbedingt den Anlagen oder Interessen des Kindes zu entsprechen brauchen. So ist nicht selten zu beobachten, dass Mütter, die musikalisch sind und ein Instrument spielen, ihren Kindern vielfältige Anregungen geben, um deren Musikalität zu wecken. Effekte, bei denen Kinder passive Empfänger von Sozialisationseinflüssen sind, spielen eine wichtige Rolle im Kleinkind- und Kindergartenalter.

Hervorgerufene Anlage-Umwelt-Effekte

Hervorgerufene Anlage-Umwelt-Effekte entstehen vor allem dann, wenn Eltern bzw. ErzieherInnen erkennen oder intuitiv spüren, was die Kinder interessiert und was ihren Anlagen entspricht. Die Kinder signalisieren, was ihnen Freude macht, und ermuntern dadurch Eltern und ErzieherInnen, ihnen die entsprechenden Anregungen zu geben. Heute weiß man, dass sich schon Kleinkinder für ganz unterschiedliche Dinge ihrer Umwelt interessieren. Mit ihrem Orientierungs- und Neugierverhalten wie Blicke und Hinwendungen geben sie Eltern und ErzieherInnen Hinweise auf ihre Vorlieben und Neigungen. Dies gilt in noch stärkerem Maße für ältere Kindergarten- und auch Schulkinder, die ihren Bezugspersonen noch viel klarer vermitteln können, woran sie tatsächlich Interesse und Freude haben.

Aktive Anlage-Umwelt-Effekte

Von **aktiven Anlage-Umwelt-Effekten** spricht man immer dann, wenn Kinder in der Lage sind, sich ihre Umwelt auszuwählen bzw. auf die Umweltgegenstände so einzuwirken, dass sie optimal zu ihnen passen. Dieses aktive Ausschauhalten nach der passenden Umwelt ist bei kleinen Kindern allenfalls sporadisch und ansatzweise zu beobachten und auch bei Schulkindern nicht die Regel. Für selbstbestimmtes, von eigenen Interessen geleitetes Lernen stellt dieses aktive Einwirken auf die Umwelt eine Grundvoraussetzung dar.

2

Vorstellungen
von Entwicklungs-
psychologen
über die Wechsel-
wirkungen zwischen
Anlage und Umwelt

Entwicklungspsychologen haben in der Vergangenheit unterschiedliche Vorstellungen davon entwickelt, wie Wechselwirkungen zwischen Anlage- und Umweltfaktoren konkret aussehen. Den drei grundlegenden Arten von Anlage-Umwelt-Effekten (→ Kap. 1) wurde dabei ganz unterschiedliche Bedeutung beigemessen. Das lässt sich mittels Überblick über die wichtigsten Positionen der Entwicklungspsychologie belegen.

Von welchen Vorannahmen gehen Entwicklungspsychologen aus? Welches Menschenbild liegt ihren Annahmen zugrunde und wie betrachten sie Kinder? Als passive Empfänger von Erziehungseinflüssen, als aktive Rückmeldungen gebende Wesen oder als eigenverantwortliche, autonome Individuen, die ihre Umwelt selbst gestalten? Je nachdem lassen sich *schwache* (→ Kap. 2.1), *mäßige* (→ Kap. 2.3) und *starke Wechselwirkungstheorien* (→ Kap. 2.5) unterscheiden.

2.1 Schwache Wechselwirkungstheorien: Humanethologie, Soziobiologie, Behaviorismus

Schwache Wechselwirkungstheorien messen entweder den Anlagen *oder* der Umwelt große Bedeutung bei; Wechselwirkungen bleiben weitgehend unberücksichtigt. Das Kind entfaltet sich demnach

• seinen Anlagen gemäß und die Umwelt spielt nur eine untergeordnete Rolle mit Ausnahme extremer *Deprivationen* (lat. Deprivatio = Entziehen, Berauben), wenn eine angemessene Versorgung und Betreuung des Kindes nicht sicher gestellt ist. In diesen Fällen kann es zu Entwicklungsverzögerungen kommen, *oder*

- seiner Umwelt entsprechend. Sie ist im Wesentlichen dafür verantwortlich, wie sich das Kind entwickelt. Sie prägt, formt und verändert es. Die Anlagen bleiben dabei weitgehend außen vor.

Zu den klassischen Vertretern der schwachen Wechselwirkungstheorien gehören viele Humanethologen, Soziobiologen und vergleichende Kulturforscher. Sie betonen die Bedeutung angeborener Dispositionen, welche reflexartig durch Auslösemechanismen abgerufen werden können. Zu den schwachen Wechselwirkungstheorien zählt auch der *Behaviorismus,* der allerdings nicht die Anlage, sondern die Umwelt als entscheidenden Faktor für die kindliche Entwicklung betrachtet.

2.1.1 Humanethologie

Humanethologen gehen von der Annahme aus, dass das Verhalten des Kleinkindes ohne Einbeziehung stammesgeschichtlicher Entwicklungen des Menschen nicht angemessen zu verstehen ist. Ihre wichtigste Methode ist der **Kulturvergleich.** Dabei vergleichen sie kleinkindliches Verhalten in verschiedenen Stammeskulturen wie z. B. den Yanomami-Indianern im Amazonas-Dschungel, den Trobriand-Insulanern der Südsee oder den Buschleuten der südafrikanischen Kalahari. In diesen ursprünglichen Gesellschaften gibt es Kultur im Sinne moderner Gesellschaften erst ansatzweise.

Zeigen sich Gemeinsamkeiten im Verhalten und Erleben von Menschen, die unterschiedlichen Stammesgesellschaften angehören, gelten diese als kulturunabhängig und damit biologisch fundiert. So stellten Humanethologen z. B. fest, dass Kleinkinder mit natürlichen Fähigkeiten zum Überleben geboren werden, dass aber die ständige Nähe und Verfügbarkeit einer Person – in der Regel die der Mutter – notwendig ist, damit es sich angemessen entwickelt. Sie gehen davon aus, dass Säugling und Mutter von Anfang an eine Einheit bilden, eine Symbiose. Sie sind eingebunden in einen Regelkreis wechselseitig aufeinander bezogener Verhaltensmuster, deren Komplexität bis heute nicht vollständig erforscht ist (vgl. Schleidt 1989, S. 16 f.).

Angeborene und erworbene Anpassungsmuster

Beim Hineinwachsen des Säuglings in seine Gesellschaft sind angeborene Anpassungsmuster von zentraler Bedeutung. So entwickelt sich in den Tagen und Wochen nach der Geburt auf Grundlage phylogenetischer, im Verlauf der Entwicklungsgeschichte der Menschheit erworbener Programme eine **Bindung** (→ Kap. 4), ein positives emotionales Band zwischen Säugling und Mutter. Dadurch wird sichergestellt, dass dem Neugeborenen eine beständige Versorgung und Betreuung zukommt. Neben der Bindung an eine Hauptbezugsperson entwickeln sich später noch weitere Bindungen des Kleinkindes zu anderen Personen in seinem Nahbereich, z. B. zum Vater oder zu seinen Geschwistern (→ Kap. 6.3). Diese tragen zur Lockerung der Bindung an die Mutter bei und bahnen der Phase des Abstillens den Weg. Auch der Vorgang des **Stillens** selbst (→ Kap. 4.2.3), das mit dem Suchen des Säuglings nach der Brust der Mutter durch seitlich pendelnde Bewegungen des Kopfes beginnt, beruht auf angeborenen Verhaltensmustern. Das Stillen dient dabei nicht nur der Versorgung mit Nahrung, sondern das Saugen hat auf den Säugling auch eine beruhi-

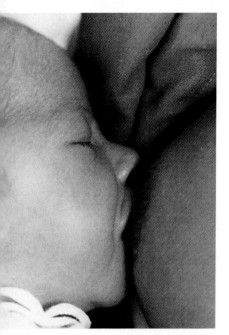

Durch Pendelbewegungen des Kopfes wird die Brust der Mutter gefunden.

gende Wirkung. Dass sich Säuglinge durch Daumenlutschen selbst beruhigen oder durch einen Schnuller beruhigt werden können, ist seit vielen Generationen bekannt.

Die herausragende Bedeutung von **Körperkontakt** für eine gesunde psychische Entwicklung ist mittlerweile anerkannt. Humanethologen und humanethologisch orientierte Bindungsforscher wie die amerikanischen Psychologen Mary Ainsworth und John Bowlby, dessen Bindungstheorie in den letzten Jahrzehnten im Bereich der Kleinkindforschung zunehmend an Bedeutung gewonnen hat (→ Kap. 6.3), sowie das Ehepaar Klaus E. und Karin Grossmann aus Deutschland, konnten zeigen, dass unsicher an die Mutter gebundene Kinder seltener Körperkontakt mit dieser haben als sicher gebundene Kinder (→ Kap. 6.3.2). Sie gehen davon aus, dass sich durch regelmäßigen liebevollen und zärtlichen Körperkontakt die Grundlagen des **Urvertrauens** ausbilden. Im Weinen von Kleinkindern drücken sich häufig Trennungsängste aus. Das Weinen wirkt wie ein starkes (genetisch verankertes) Notsignal, das oft sogar nicht betroffene Fremde veranlasst, Trost und emotionale Zuwendung zu geben.

> Aus ethologischer Sicht ist die lerntheoretische Auffassung, nach der Weinen durch tröstende Verhaltensweisen nur noch verstärkt wird, zumindest für Kinder im ersten Lebensjahr zu verwerfen, im Gegenteil: Weinende Kleinkinder brauchen Trost und sollen ihn auch bekommen.

Zu weiteren humanethologischen Entdeckungen, die über die kulturvergleichende Verhaltensforschung und Psychologie hinaus bekannt geworden sind, gehören:

• Das **Kindchenschema**, unter der eine spezielle anatomische Körperbeschaffenheit verstanden wird – großer Kopf und Stupsnase –, auf die reflexartig mit positiver Zuwendung und Zärtlichkeit reagiert wird.

- Die **Babysprache,** bei der Erwachsene in hoher Stimmlage und mit übertriebener Intonation sprechen. Diese wird in allen Kulturen eingesetzt, um die Aufmerksamkeit des Säuglings auf sich zu lenken.

Festgehalten werden kann, dass der humanethologische Ansatz dazu beigetragen hat, bei der Untersuchung frühkindlicher Entwicklungen das Augenmerk auf genetisch verankerte Dispositionen zu richten, die im Laufe der Evolution erworben wurden.

2.1.2 Soziobiologie

Der bekannteste Soziobiologe ist Charles Darwin, der Begründer der Evolutionstheorie. Der **soziobiologische Ansatz** richtet sein Augenmerk bei der Analyse menschlichen Sozialverhaltens auf die Anlagen, die für die Fortpflanzung strategisch wichtig sind. Es gilt: Nur das der Vermehrung der eigenen Gene förderlichste Verhalten setzt sich im Laufe der Evolution durch. Dabei wird häufig – teilweise vorschnell verallgemeinernd – auf parallele genetische Wurzeln tierischen und menschlichen Verhaltens hingewiesen. Einige Soziobiologen (vgl. Paul & Küster 2003) gehen z. B. von einem genetisch verankerten Interessenkonflikt zwischen Eltern, besonders den Müttern, und ihren Kindern aus. So nützt es der *biologischen Fitness der Kinder* am meisten, wenn sich die mütterliche Fürsorge möglichst lange auf sie konzentriert und erhalten bleibt. Mütter fördern ihre *biologische Fitness* am effektivsten, wenn sich ihre Gene möglichst weit verbreiten, d. h. wenn sie möglichst viele gesunde Nachkommen zur Welt bringen und aufziehen. Dementsprechend müssten sie größtes Interesse daran haben, dass ihre Kinder möglichst schnell selbstständig werden und sich seelisch abnabeln. Tun Mütter das nicht, begnügen sich z. B. mit nur einem

Kind, lassen nicht los oder möchten ihr Kind möglichst lange »bemuttern«, sind sie aus Sicht radikaler Soziobiologen demnach als biologisch fehlgesteuert zu bezeichnen.

2.1.3 Behaviorismus

Der **Behaviorismus,** der in orthodoxer Form in den 20er- und 30er-Jahren des letzten Jahrhunderts vor allem in den USA boomte und nach dem 2. Weltkrieg in abgemilderter Form auch in Deutschland lange Jahre dominierte, vernachlässigt die genetischen Grundlagen des menschlichen Verhaltens und Erlebens weitgehend, wenn auch nicht vollständig. Das neugeborene Kind wird begriffen als tabula rasa (lat.: leere, wieder beschreibbare Tafel): Es kann durch Erziehungs- und andere Umwelteinflüsse nahezu unbegrenzt beschrieben werden, wobei das einmal Geschriebene immer wieder verändert und umgeschrieben werden kann.

Kennzeichnend für den Behaviorismus ist der Begriff der *Konditionierung,* das Herstellen einer Verknüpfung zwischen einem Reiz und einer Reaktion. Dabei wird unterschieden zwischen klassischer Konditionierung und operanter Konditionierung.

Klassisches Konditionieren

Das **klassische Konditionieren** *(Signallernen)* wurde erstmals vom russischen Physiologen Iwan Pawlow (1927) beschrieben. Es baut auf angeborenen Reflexen auf und wurde zunächst in eindrucksvollen Tierexperimenten nachgewiesen. Bekannt geworden ist Pawlows Hund, der wie alle Hunde beim Anblick von Futter mit vermehrter Speichelabsonderung reagierte, einem angeborenen Reflex. Der *unkonditionierte Reiz* Nahrung löste bei ihm die *unkonditionierte Reaktion* Speichelfluss aus. Sein Experiment arrangierte Pawlow daraufhin so, dass unmittelbar vor jeder Fütterung ein Klingelsignal ertönte, bis es auch dann zu einer erhöhten Speichelproduktion kam, wenn das Klingelsignal ohne gleichzeitige Futterdarbietung ertönte. Der vormals unkonditionierte Reiz Klingelsignal hat sich im Experimentverlauf zu einem *konditionierten Reiz* entwickelt. Der Hund hat gelernt, den ursprünglich neutralen Reiz mit einer unwillkürlichen Reaktion zu verbinden. Die Frage ist, ob eine *Reiz-Reaktions-Verbindung* wieder verlernt werden kann, z. B. wenn vor dem Fressen kein Klingelsignal mehr ertönt. Erfahrungen zeigen, dass dies nicht der Fall ist, denn würde der Hund zu einem späteren Zeitpunkt erneut das Klingelsignal vor der Fütterung vernehmen, wäre der konditionierte Reiz viel schneller als beim ersten Mal (wieder) vorhanden. Das erlaubt den Rückschluss, dass die Konditionierung nicht gelöscht, sondern nur vorübergehend gehemmt ist.

Operantes Konditionieren

Mit Hilfe der klassischen Konditionierung können nur die Verhaltensweisen erklärt werden, die als Reaktion auf definierbare Reize oder Signale zustande kommen, bei weitem aber nicht die große Vielfalt des kindlichen Verhaltens. Aus diesem Grund wurde von E. L. Thorndike (1906), einem der bekanntesten frühen Vertreter des Behaviorismus, eine erweiterte Form von Konditionierung konzipiert, das **operante Konditionieren** *(Verstärkungslernen, Lernen durch Erfolg und Misserfolg).*

Beim operanten Konditionieren werden Reaktion bzw. neues Verhalten dadurch gelernt, dass sie unmittelbar nach ihrer (zufälligen) Ausführung belohnt bzw. verstärkt werden, sich also als erfolgreich erweisen. Thorndike machte – zunächst auf der Grundlage von Tierexperimenten – als erster darauf aufmerksam, dass die Häufigkeit eines Verhaltens von seinen Konsequenzen abhängt. So haben Ratten in einem ersten Schritt gelernt, einen bestimmten Hebel zu drücken, um an ihr Futter (= Belohnung) zu gelangen. Daher drückten sie den Hebel immer und immer wieder. In einem zweiten Schritt gab es auf Hebeldruck nur noch dann Futter, wenn vorher ein Klingelzeichen ertönt war. Die Häufigkeit des Verhaltens nahm dadurch ab: Die Ratten drückten nur noch nach dem Klingelzeichen auf den Hebel.

Damit neues Verhalten dauerhaft erworben wird, muss nicht beständig belohnt werden, aber doch zumindest hin und wieder.

Viele verblüffende Tierdressuren stützen sich auf operantes Konditionieren. Einer der bekanntesten Behavioristen des letzten Jahrhunderts, der amerikanische Psychologe Burrhus F. Skinner, brachte damit z. B. Tauben das Ping-Pong-Spielen mit Tischtennisbällen bei. Dabei hat er zur Ausbildung oder Formung (»shaping«) der gewünschten Verhaltenskette neben positiver Bekräftigung auch negative Bekräftigungsformen wie Bestrafung eingesetzt. Für Tiere kann diese aus aversiven Reizen wie kaltem Luftstrom oder schrillem Klingelton bestehen, im humanpsychologischen Bereich aus Missbilligung, Kritik oder Entzug von Privilegien/Zuwendungen. Letztendlich wurzelt diese behavioristische Erklärung des Erwerbs neuer Verhaltensweisen im **Lust-Unlust-Postulat**: Alles menschliche Verhalten ist Lust-Unlust-motiviert. Der Mensch neigt dazu, Unlust, Schmerz, Tadel und Strafe zu vermeiden, und bevorzugt Handlungen, die Erfolg bringen, also belohnt werden oder auf Anerkennung stoßen.

2.2 Ein Schritt in Richtung mäßige Wechselwirkung: Lernen durch Beobachtung

Die noch in der Tradition des Behaviorismus stehende Theorie des **Lernens durch Beobachtung**, als deren Begründer Albert Bandura (1971) gilt, geht einen Schritt weiter in Richtung mäßige Wechselwirkung. Diese Theorie berücksichtigt die Tatsache, dass Menschen vernunftbegabte Wesen sind und kleine Kinder im Laufe des Heranwachsens immer besser in der Lage sind, ihren Verstand zu benutzen, d. h. nachzudenken und abzuwägen, wenn sie neue Verhaltensweisen erlernen. Das gilt in besonderem Maße für Verhalten, das durch *Nachahmung eines Vorbilds* (Modells) erworben wird. Bandura stellte fest, dass die Wahrscheinlichkeit der Nachahmung und der Übernahme des Verhaltens in das eigene Repertoire größer ist, wenn folgende Voraussetzungen gegeben sind:

- Das Vorbild wird gemocht, ist beliebt oder, das gilt insbesondere für etwas ältere Kinder, genießt Anerkennung, hat einen hohen Status und wird bewundert und respektiert. Vorbilder sind zunächst die Bezugspersonen des Kindes: Eltern, ältere Geschwister oder andere Angehörige.
- Das beobachtete Verhalten führt zum Erfolg, wird belohnt und anerkannt oder bereitet dem Vorbild Vergnügen. Nicht nachgeahmt wird dementsprechend ein Verhalten, das auf Missbilligung stößt oder sogar bestraft bzw. mit Anzeichen von Unlust vom Vorbild ausgeführt wird.
- Das Kind nimmt zwischen sich und dem Vorbild Ähnlichkeiten wahr, und sei es nur in seiner Phantasie.
- Das Kind wird dafür belohnt, dass es dem Vorbild aufmerksam zuschaut bzw. es wird durch Verstärkung zu aufmerksamer Beobachtung veranlasst.

- Das Verhalten des Vorbilds ist deutlich zu erkennen und unterscheidet sich klar von anderen, möglicherweise gleichzeitig vorhandenen, konkurrierenden Verhaltensweisen.
- Das Kind besitzt die Kompetenz, das Verhalten des Vorbildes nachzuahmen. So kann ein Kind, das gerade Laufen gelernt hat, keine Treppen steigen, auch wenn es seinem älteren Geschwister noch so fasziniert dabei zuschaut.

Ein erworbenes Verhalten, das auf der Beobachtung eines Vorbilds basiert, wird nach Auffassung der **sozial-kognitiven Lerntheorie** von Bandura dauerhaft beibehalten, sofern sich seine Ausführung als erfolgreich erweist und das Kind eine positive Rückmeldung erhält. Das erworbene Verhalten kann aber ebenso gut wieder aus dem kindlichen Verhaltensrepertoire verschwinden, wenn es negative Bekräftigung erfährt oder sich regelmäßig als wenig erfolgreich zeigt.

2.3 Mäßige Wechselwirkungstheorie: Das Entwicklungskonzept der Psychoanalyse

Mäßige Wechselwirkungstheorien messen Wechselwirkungen zwischen Anlage- und Umweltfaktoren erheblich größere Bedeutung bei als schwache Wechselwirkungstheorien (→ Kap. 2.1). Eltern und ErzieherInnen als Teil der Umwelt können auf die kindliche Entwicklung moderierend Einfluss nehmen und auch das Kind selbst signalisiert seinen Anlagen entsprechend, welche Umwelt ihm gut tut und welche ihm nicht gefällt.

Als mäßige Wechselwirkungstheorie kann die von Sigmund Freud begründete und von seinen Schülern und Nachfolgern vielfach überarbeitete und modifizierte **psychoanalytische Entwicklungstheorie** betrachtet werden. Sie hat vor allem die Entfaltung *inne-*

rer Strukturen im Blick, berücksichtigt dabei aber auch deren Veränderung durch *äußere* Einflüsse.

Freuds Theorie und auch die nachfolgend kurz skizzierte psychosexuelle Entwicklungstheorie von Erik Erikson (→ Kap. 2.3.2), einem Freud-Schüler, sind mäßige Wechselwirkungstheorien, weil in ihnen betont wird, dass nur durch eine gelungene Erziehung und Sozialisation die biologisch vorprogrammierten Entwicklungsstufen erfolgreich durchschritten werden können.

2.3.1 Von welchen Annahmen geht die Psychoanalyse aus?

Die Psychoanalyse geht unter anderem von folgenden Annahmen aus:

* Die frühkindliche Entwicklung ist von herausragender Bedeutung für die gesamte weitere Entwicklung. Bis zum vollendeten sechsten Lebensjahr ist das Kind bereits mit allen für das menschliche Zusammenleben wichtigen Grundthemen wie z. B. Liebe, Gehorsam und Besitz konfrontiert worden.
* Der Verlauf der individuellen Entwicklung hängt in starkem Maße von der Eltern-Kind-Beziehung ab: Eine besondere Bedeutung kommt dabei dem elterlichen Umgang mit den körperlichen Bedürfnissen und Körperfunktionen des Kindes zu.
* Die *(psycho-)sexuelle Entwicklung* beginnt nicht erst mit der geschlechtlichen Reifung in der Pubertät, sondern bereits in den ersten Lebensjahren (siehe unten). Sie ist allerdings noch nicht mit erwachsener Sexualität gleichzusetzen, sondern umfasst alle Regungen und Aktivitäten, die auf Lustgewinn ausgerichtet sind, so z. B. auch die Lust bei Berührung bestimmter Körperregionen.

Theorie und Formen der Libido

Der (psycho-)sexuellen Entwicklung des Kindes zugrunde liegt die **Libido,** eine Urform psychischer Energie, die im Körperlichen wurzelt, genetisch verankert ist und im Laufe der Entwicklung die unten genannten Organisationsstufen durchläuft, die gesetzmäßig und zu bestimmten Zeiten aufeinander folgen. Die Libido folgt dabei einem festgelegten physiologischen Reifungsprozess und manifestiert sich nacheinander in verschiedenen Körperzonen, den so genannten erogenen Zonen:

- **Orale Phase** *(1. Lebensjahr):* Während der oralen Phase manifestiert sich die Libido im Lippen-Mund-Raum. Alle oralen Aktivitäten wie Lutschen, Saugen, Schlucken, später auch Kauen und Beißen, bringen dem Säugling Lustgewinn. Durch das Abgestilltwerden wird ihm eine wichtige orale Triebbefriedigung vorenthalten, auf die er mit Aggression, Angst und darauf aufbauenden Mechanismen der Angstabwehr und Angstvermeidung reagiert. Eine zu frühe Entwöhnung – so die psychoanalytische Vorstellung – überfordert den Säugling und legt die Wurzeln für eine spätere pessimistische Grundhaltung im Leben, wohingegen eine voll ausgelebte orale Phase einer optimistischen Grundeinstellung den Weg ebnet.
- **Anale Phase** *(2. und 3. Lebensjahr):* In der analen Phase geht es vor allem um die Darmentleerung, das Ausstoßen bzw. Zurückhalten des Darminhaltes, das dem Kleinkind Lustgewinn bereitet. Es betrachtet seinen Kot als etwas Wertvolles und muss erst allmählich lernen, dass seine Eltern dies anders sehen, sein »Geschenk« an sie nicht zu schätzen wissen, sondern in der Toilette hinunterspülen, weil es unsauber ist. Durch die *Sauberkeitserziehung* lernt das Kleinkind, seine Ausscheidungsorgane zu kontrollieren, aber auch, dass es dadurch Gehorsam oder Ungehorsam (Protest und Trotz) ausdrücken kann. Eine zu harte und frühe Sauberkeitserziehung wird in Verbindung gebracht mit einem

späteren Hang zu übertriebener Sauberkeit und Ordentlichkeit und mit Charaktereigenschaften wie Pedanterie, Geiz und Starrsinn.

- **Phallische Phase** *(4.–6. Lebensjahr):* In der phallischen Phase rücken die Genitalien stärker in den Vordergrund. Die Libido wird während dieser Phase besonders auf den gegengeschlechtlichen Elternteil ausgerichtet und dadurch die *ödipale Konfliktsituation* (**Ödipuskonflikt**) hergestellt: Der Junge begehrt die Mutter, das Mädchen den Vater; der gleichgeschlechtliche Elternteil wird jeweils abgelehnt. Wenn die Kinder die körperliche Ungleichheit der Geschlechtsorgane wahrnehmen, entsteht beim Jungen *Kastrationsangst* – er fürchtet, seinen Penis zu verlieren, wenn er seine Mutter weiterhin begehrt – das Mädchen erlebt sich als verkürzt und empfindet *Penisneid.* Die ödipale Konfliktsituation wird in der Regel dadurch gelöst, dass das Kind allmählich seine Eifersucht auf den gleichgeschlechtlichen Elternteil abbaut und sich mit diesem zu identifizieren lernt und gleichzeitig seine libidinösen Impulse gegenüber dem gegengeschlechtlichen Elternteil in zärtliche Regungen umwandelt. In dieser Phase werden die Grundlagen des *Über-Ichs,* des inneren Gewissens, ausgebildet, das dafür sorgt, dass die Verbote und Gebote der Eltern eingehalten werden, selbst wenn diese nicht anwesend sind. Zudem wird die Übernahme der Geschlechtsrolle vorbereitet. Wird die ödipale Konfliktsituation nicht angemessen bewältigt, kommt es zu neurotischen Problemen – z. B. zu einer überstarken Fixierung auf einen Elternteil –, welche die gesamte weitere Entwicklung negativ beeinflussen und in Freuds Neurosenlehre ausführlich behandelt werden.
- **Latenz-** *(7.–11. Lebensjahr)* **und genitale Phase** *(12.–20. Lebensjahr):* Die Charakteristika dieser Phasen werden nicht weiter ausgeführt, da sie nicht mehr Gegenstand dieses Buches sind.

Reifung

Unter **Reifung** versteht die Psychologie das von innen, also von den Anlagen oder Genen gesteuerte Sich-Entfalten biologischer Strukturen und Funktionen. Dazu gehören in erster Linie das Wachstum des Körpers (Skelett, Muskulatur, Bindegewebe) und die Ausdifferenzierung des Zentralnervensystems (Gehirn und Rückenmark).

Entwicklungsschritte werden dann auf *Reifungsvorgänge* zurück geführt, wenn sie innerhalb einer Altersspanne bei allen Kindern auftreten und nicht durch äußere Faktoren wie Anregungen oder Erziehungs- und Lernprozesse ausgelöst werden. Reifung wird somit negativ bestimmt: Sind neue Fähigkeiten und Kompetenzen nicht auf Erfahrung, Lernen und Üben zurückzuführen, nimmt man an, dass Reifung im Spiel gewesen sein muss.

Reifestand

Säuglinge kommen bereits mit einem sehr umfangreichen Verhaltensrepertoire auf die Welt. Sie setzen viele ihrer angeborenen Verhaltensdispositionen spontan ein, andere können durch entsprechende Schlüsselreize reflexartig abgerufen werden. Dabei unterscheiden sie sich in ihrem **Reifestand**. Zu früh geborene Kinder haben nicht den biologischen Reifestand, über den voll ausgetragene Säuglinge verfügen, und es gibt Belege dafür, dass Mädchen bei der Geburt einen höheren Reifestand als Jungen besitzen (vgl. Kasten 2003, S. 57).

Die Frage nach dem Reifestand ist für alle pädagogischen Fragen von herausragender Bedeutung: Eltern fragen sich, ob ihr Kind reif ist, in den Kindergarten zu gehen, einen Abend allein gelassen oder eingeschult zu werden. Zur Bestimmung des individuellen Reifestandes werden so genannte *Entwicklungstests* oder *Entwicklungsskalen* eingesetzt, die sich teilweise schon seit Jahrzehnten in der Entwicklungspsychologie bewährt haben und immer weiter verbessert worden sind (vgl. z. B. Sarimski 1993). Mit Hilfe solcher Tests wird der gesamte physische, psychische und soziale Entwicklungsstand des Kindes eingeschätzt und mit dem statistisch ermittelten durchschnittlichen Entwicklungsstand von Kindern dieser Altersgruppe verglichen. Deutlich unterdurchschnittliche Testergebnisse werden dann zum Anlass genommen, Eltern abzuraten, ihr Kind zu diesem Zeitpunkt einzuschulen.

Schulreife

Bei der Bestimmung des durchschnittlichen, normalen Entwicklungsstandes spielen gesellschaftliche Normen und Erwartungen eine Rolle. So wurde z. B. die **Schulreife** auf sechs Jahre festgelegt. Kinder sind aber in der Regel schon wesentlich früher in der Lage, schulische Kompetenzen wie Lesen, Schreiben, Rechnen oder auch eine Fremdsprache zu erwerben. Dies hat in der Vergangenheit hin und wieder dazu geführt, dass sich Frühpädagogen für vorgezogene schulische Unterweisung im Elternhaus und Kindergarten stark gemacht haben (vgl. z. B. die von Correll und Lückert in den 60er-Jahren initiierte Frühleselernbewegung). Auch die gegenwärtig in Deutschland zu registrierenden Bemühungen, die Qualität vorschulischer Bildungsangebote zu verbessern, wurzeln in der begründeten Annahme, dass auf das frühe kindliche Lernpotenzial von den Einrichtungen im Elementarbereich nicht angemessen eingegangen wird.

2.3.2 Weiterentwicklung der Psychoanalyse: Das Konzept der Entwicklungsaufgaben

Der amerikanische Soziologe und Erziehungswissenschaftler Robert J. Havighurst begründete 1948 das Konzept der **Entwicklungsaufgaben** *(development tascs)*. Er ging davon aus, dass alle Menschen in verschiedenen Lebensabschnitten bestimmte Lebensaufgaben zu bewältigen haben. Diese Lebensaufgaben nannte er Entwicklungsaufgaben. Sein Konzept wurde in den folgenden Jahrzehnten von ihm selbst und von anderen Sozialwissenschaftlern weiterentwickelt und präzisiert. Insbesondere Erik Erikson (1973) differenzierte es aus und verfeinerte gleichzeitig Freuds

Stufenmodell, indem er spätere Lebensabschnitte mit einbezog. Für ihn findet Entwicklung ein Leben lang statt, von der Geburt bis ins hohe Alter.

Den Lebenslauf untergliedert er in acht Stufen. Auf jeder dieser Stufen gilt es spezifische Entwicklungsaufgaben zu bewältigen. Gelingt das nicht, resultieren daraus bleibende Persönlichkeitsstörungen. Die ersten drei Stufen im Leben eines Menschen und die Entwicklungsaufgaben, die auf diesen Stufen zu bewältigen sind, beschreibt Erikson sinngemäß so:

- **1. Stufe** *(1. Lebensjahr):* Im Laufe des ersten Lebensjahres geht es um den Aufbau von *Urvertrauen*. Das Kleinkind muss lernen, dass die Mutter wieder kommt, wenn sie das Zimmer verlässt, also mit Trennung umzugehen. Es lernt, darauf zu vertrauen, dass es auch nach dem Abstillen weiter versorgt wird und zu Essen bekommt.
- **2. Stufe** *(2. bis 3. Lebensjahr):* Im zweiten und dritten Lebensjahr geht es um das Erlernen von *Selbstkontrolle*. Das Kind nimmt sich wahr als Verursacher von Geschehnissen, nun gilt es die Balance zu finden, zwischen eigenem Willen und Unterwerfung unter die Gebote der Eltern. *Gehorsam* und *Festhalten* versus *Loslassen* sind zentrale Themen auf dieser Stufe.
- **3. Stufe** *(4. bis 6. Lebensjahr):* In der dritten Phase, die das Kindergartenalter umfasst, geht es um den Aufbau von *Vertrauen auf die eigene Initiative und Kreativität*. Dabei spielen die Themen *Initiativ werden* und *Nachahmen* eine zentrale Rolle. Das Kind lernt, sich an Vorbildern zu orientieren, z. B. an den Eltern oder älteren Geschwistern. Es wird immer wichtiger, sich mit anderen zu vergleichen und mit ihnen zu konkurrieren. Ebenso lernt es, mit Schuldgefühlen und Angst vor Strafe umzugehen.

Normative Entwicklungsaufgaben und ihre Bewältigung

Das Konzept der Entwicklungsaufgaben hat für die moderne Entwicklungspsychologie immer noch eine große Bedeutung, auch wenn sich die Inhalte der Aufgaben im Laufe der Zeit verändert haben. Heute wird unter Entwicklungsaufgabe eine Aufgabe verstanden, die zu einem bestimmten Zeitpunkt der Entwicklung als gesellschaftlich vorgegebene Norm an den Einzelnen herangetragen wird. Sie wird von ihm als Zielvorstellung oder Erwartung übernommen, sobald er über die biologischen, psychischen und sozialen Voraussetzungen zur Bewältigung der Aufgabe verfügt. Man spricht dabei von **normativen Entwicklungsaufgaben.** Für das Kleinkindalter werden unter anderem folgende normative Entwicklungsaufgaben unterschieden:

- Laufen zu lernen
- Symbolgebrauch und sprechen zu lernen
- Selbstständig Nahrung aufnehmen zu lernen
- Körperausscheidungen kontrollieren zu lernen
- Sich aus der symbiotischen Beziehung zur Mutter zu lösen (Abstillen, Entwöhnung)
- Bindungen zu weiteren Bezugspersonen aufzubauen (z. B. zu Vater, Geschwistern oder Erzieherin)
- Gut und Böse unterscheiden zu lernen (ein Gewissen zu erwerben)
- Physiologische Stabilität zu erwerben
- Die eigene Geschlechtsrolle zu erwerben und Geschlechtsunterschiede erkennen zu lernen
- Zusammenhänge zwischen sozialer Umwelt und physischer Realität erkennen zu lernen
- Eigene Gefühle zu Eltern und Geschwistern in Beziehung setzen zu lernen.

Nur einige der genannten Entwicklungsaufgaben werden bereits während der ersten drei Lebensjahre vollständig bewältigt. Das sind z. B. laufen, selbstständig essen, Körperausscheidungen kontrollieren und, zumindest zum großen Teil, sprechen lernen. Die erfolgreiche **Bewältigung einer Entwicklungsaufgabe** (engl. *Coping*) im Kleinkindalter hängt vor allem davon ab, ob die inneren Voraussetzungen bereits vorliegen, das Kind also reif ist für die Aufgabe, aber auch von der Unterstützung, die es bei seinen Bewältigungsbemühungen erfährt. Innere Voraussetzungen und äußere Unterstützung werden unter dem Begriff Bewältigungsressourcen zusammengefasst.

2.4 Ein Schritt in Richtung starke Wechselwirkung: Piagets kognitive Entwicklungstheorie

Noch stärker als das Konzept der Entwicklungsaufgaben betont die **kognitive Entwicklungstheorie** die Wechselwirkung zwischen Anlage- und Umweltfaktoren. Ihr Begründer, der schweizerische Entwicklungspsychologe Jean Piaget (1896–1980) versteht die kognitive Entwicklung, die Entwicklung von Wahrnehmung und Erkenntnis, als selbstkonstruktiven Prozess. Er vollzieht sich durch die Interaktion zwischen Subjekt und Umwelt, d. h. das Kind ist bereits als Säugling aktiv und kompetent. Piaget geht davon aus, dass sich das Denken in Stufen bzw. in Stadien oder Phasen entwickelt.

> **Stufentheorien** spielten in der Entwicklungspsychologie in der ersten Hälfte des 20. Jahrhunderts eine große Rolle. Am bekanntesten ist die von Piaget begründete Auffassung einer stufenförmigen Entwicklung des Denkens. Dabei bildet jede Stufe ein integriertes Ganzes und bereitet den Weg für die folgende Stufe, auf der die Elemente der vorangegangenen Stufe zu einem neuen qualitativen Ganzen

organisiert werden. Die Stufen werden immer in derselben Reihenfolge durchlaufen. Diese Reihenfolge gilt universell, d. h. sie ist in allen Gesellschaften und Kulturen gleich. Das Überspringen einer Stufe ist nicht möglich. Jedoch können die Stufen in unterschiedlicher Geschwindigkeit durchlaufen werden und das Erreichen der höchsten Stufe wird nicht generell vorausgesetzt. Innerhalb einer Stufe lassen sich eine Vorbereitungsphase und eine Endphase unterscheiden. Allmählich stellt sich so auf jeder Stufe ein immer stabileres Gleichgewicht ein, das eine zunehmend kompetentere Auseinandersetzung mit der sozialen und gegenständlichen Umwelt ermöglicht.

Nach Piagets Stufentheorie durchlaufen Kinder in der kognitiven Entwicklung vier Stadien bis zum Denken im Erwachsenenalter:

- Sensumotorisches Stadium (1. und 2. Lebensjahr)
- Präoperatives Stadium (2. bis 7. Lebensjahr)
- Stadium der konkreten Operation (7. bis 11. Lebensjahr)
- Stadium der formalen Operation (ab 11. oder 12. Lebensjahr).

Für die kindliche Entwicklung in den ersten drei Jahren sind nur das sensumotorische und das präoperative Stadium von Bedeutung, beide werden im Folgenden skizziert.

Sensumotorisches Stadium:
Aus dem Tun entsteht das Denken

Im **sensumotorischen Stadium** sah Piaget eine Vorstufe zum Denken. Er bezeichnete die ersten Vorläufer kognitiver Strukturen in diesem Stadium als *sensumotorische Schemata*. Vom reflexgesteuerten Verhalten eines Neugeborenen bis zum zielgerichteten Verhalten eines Zweijährigen durchläuft das Kind sechs Entwicklungsschritte:

1. **Reflexe verändern sich** *(1. Lebensmonat)*. Der Säugling lernt, seine angeborenen Reflexe (Greifreflex, Saugreflex) allmählich

zu verändern und an neue Reize anzupassen. Er greift jeweils anders zu, wenn es sich bei dem reflexauslösenden Reiz um einen Stift handelt oder um die Stäbe seines Kinderbettes. Er saugt anders, wenn das ihm angebotene Objekt nicht die Brust der Mutter, sondern ein Schnuller ist. So erwirbt er leicht veränderte, neue Verhaltensweisen, die aus Reflexen entstanden und diesen auch noch sehr ähnlich sind.

2. **Primäre Zirkulärreaktionen treten auf** *(2. bis 4. Lebensmonat).* In diesem Entwicklungsschritt stabilisieren sich bestimmte Verhaltensmuster. Das ist dann der Fall, wenn der Säugling zufällig entdeckt, dass ein Verhalten ein interessantes Körpergefühl hervorruft. Der Säugling lernt beispielsweise, dass er mit seiner Hand etwas greifen, festhalten und wieder loslassen kann und wiederholt diese Handlung immer wieder, bis sein Interesse daran abklingt. Auch das universell verbreitete Daumenlutschen lässt sich als primäre Zirkulärreaktion verstehen, wenn es die Merkmale eines koordinierten, zielorientierten Verhaltens annimmt und dem Kind sofortigen Lustgewinn z. B. in Form von Spannungsabbau beschert.

3. **Sekundäre Zirkulärreaktionen entwickeln sich** *(5. bis 8. Lebensmonat).* In dieser Phase steht nicht mehr der eigene Körper im Mittelpunkt, sondern die Umwelt des Kindes. So entdeckt der Säugling beispielsweise, dass sich das am Bett angebrachte bunte Mobile bewegt, wenn er zufällig an den unteren Bettrand stößt. Weil seine Strampelbewegungen zu einem interessanten Ergebnis führen, wiederholt er sie, bis sie ihm irgendwann zur Gewohnheit geworden sind. Auch andere Verhaltensweisen werden beibehalten, wenn sie interessante Effekte in der Umwelt auslösen.

4. **Erworbene Verhaltensweisen werden koordiniert** *(8. bis 12. Lebensmonat).* Das Kleinkind lernt, die zufällig erworbenen Verhaltensweisen zu koordinieren und zielgerichtet einzusetzen, um etwas zu erreichen. Verhalten, das bisher unabhängig voneinander erlernt wurde, wie etwa Krabbeln, Greifen oder Zu-

beißen, wird nun miteinander verbunden: Das Kind krabbelt zu seiner Rassel, greift danach, führt sie zum Mund und beißt zu.

5. **Tertiäre Zirkulärreaktionen treten auf** *(13. bis 18. Lebensmonat)*. Tertiäre Zirkulärreaktionen bestehen aus Wiederholungen und Variationen von Handlungen am selben Gegenstand oder an ähnlichen Gegenständen, geleitet von der Frage: »Gibt es an diesem Gegenstand etwas Neues zu entdecken?« Das Kind erkundet immer differenzierter die Objekte seiner Umwelt und erforscht, was es alles mit ihnen tun kann. Unter einer Decke kann es sich oder einen Gegenstand verstecken. Es kann etwas mit ihr zudecken, auf ihr etwas heranziehen und hin und her bewegen. Es kann sie auch verwenden, um sich zu wärmen oder sich die Augen zuzuhalten. Das Kind experimentiert herum und entdeckt dadurch das Potenzial der in einem Gegenstand verborgenen Verwendungsmöglichkeiten. Seine Handlungen können als neu erworbenes Mittel-Zweck-Verhalten verstanden werden, dessen Verinnerlichung zu einer weiteren Differenzierung der kognitiven Schemata beiträgt.

6. **Der Übergang zum Denken beginnt** *(19. bis 24. Lebensmonat)*. Während dieser letzten Stufe des sensumotorischen Stadiums verlagert sich das Herumexperimentieren mit der Umwelt immer mehr nach innen. Das Kleinkind baut eine innere Vorstellung von den ursprünglich äußeren sensumotorischen Verhaltensketten auf. Es kann sich z. B. vorstellen, welche Handlungsschritte nötig sind, um einen Gegenstand, den es erblickt hat, zu ergreifen. Und es lernt, ein so entstandenes Verhaltensschema zielorientiert auf neue Situationen zu übertragen. Schemata können so aus ihrem ursprünglichen Zusammenhang herausgelöst und willkürlich zur Erreichung unterschiedlicher Ziele eingesetzt werden, wie das folgende Beispiel zeigt: Das Kind hat zugeschaut, wie die Mutter den Fernseher eingeschaltet hat und versucht später, das Gerät selbst einzuschalten. Als ihm dies nicht gelingt, legt es die Hand der Mutter auf den Einschaltknopf, um diese dazu zu bringen, den Fernseher anzustellen, damit es an-

schließend beobachten kann, wie auf dem dunklen Bildschirm ein neues Bild entsteht.

An die Stelle der **externen Exploration** (lat. Untersuchung, Erforschung) tritt nun allmählich das **interne Explorieren, das Denken.** Die Kinder experimentieren immer seltener mit Versuch und Irrtum, sondern denken sich spontan neue Lösungen aus. Das wird möglich, weil das Kind jetzt auch Zeichen oder Symbole verwenden kann, durch die Objekte und Vorgänge der Umwelt in seiner Vorstellung abgebildet werden (**innere Repräsentationen** von Handlungen und Gegenständen). Dazu findet sich bei Piaget ein schönes Beispiel aus den Beobachtungsprotokollen an seinen eigenen Kindern:

Aktives Herumexperimentieren mit einem Gegenstand.

Im Alter von knapp anderthalb Jahren »(...) spielt Lucienne zum ersten Mal mit einem Puppenwagen, dessen Griff bis in die Höhe ihres Gesichtes reicht. Sie rollt ihn über einen Teppich, indem sie daran stößt. An der Wand angelangt, zieht sie den Wagen, indem sie rückwärts geht. Da ihr aber diese Stellung unbequem ist, unterbricht sie ihre Tätigkeit und wechselt ohne Zögern die Seite. Nun kann sie den Wagen von der anderen Seite stoßen. Sie hat also das richtige Vorgehen durch einen Einsichtsakt entdeckt, selbstverständlich in Analogie zu anderen Situationen, aber ohne Dressur, auch nicht in einem Lernvorgang und ohne Mitwirkung des Zufalls...« (zitiert nach Miller 1993, S. 621–622). Unterstellt werden kann, dass Lucienne in ihrer Vorstellung auf die

Erfahrung zurück griff, Dinge sowohl ziehen als auch schieben zu können. Welches Symbol sie dabei verwendete, entzieht sich dem Betrachter.

Objektpermanenz

Ein Entwicklungsschritt während des sensumotorischen Stadiums, dem Piaget große Bedeutung beimisst, ist bisher unerwähnt geblieben: das Erreichen der **Objektpermanenz** (→ Kap. 5.3). Bis etwa zum 6. Lebensmonat, also in den frühen Stufen des sensumotorischen Stadiums, können Kleinkinder noch nicht zwischen ihrem Verhalten bezogen auf ein Objekt und dem Objekt selbst unterscheiden. Das Objekt existiert für sie nur so lange, wie sie sich mit ihm beschäftigen. »Aus den Augen, aus dem Sinn« – dieses Sprichwort charakterisiert treffend die Unfähigkeit des Säuglings, sich unabhängig von seiner objektbezogenen Handlung ein Bild vom Objekt zu machen. Erst allmählich werden die sensumotorischen Verhaltensketten verinnerlicht. Nun bleibt das Objekt für Kleinkinder auch dann bestehen, wenn sie sich nicht mehr mit ihm befassen, allerdings nur so lange es sich in ihrem Blickfeld befindet. Im nächsten Schritt beginnen sie nach dem Objekt zu suchen, das vor ihren Augen – zum Beispiel hinter einem Schirm – versteckt wurde. Noch ein wenig länger dauert es, bis sie auch nach ihm suchen, wenn es unbemerkt von ihnen hinter dem Schirm versteckt wurde. So wird Schritt für Schritt die Objektpermanenz ausgebildet: Dinge und Personen existieren weiter, auch wenn man sie nicht mehr sieht und sich nicht mehr mit ihnen beschäftigt. Dieses Permanenz-Konzept ist für Piaget eine Voraussetzung dafür, dass sich in den folgenden Lebensjahren weitere wichtige kognitive Konzepte entwickeln können, wie die kindlichen Vorstellungen von Zeit, Raum, Entfernung und von den Zusammenhängen zwischen Ursache und Wirkung (vgl. dazu Kasten 2001, S. 49 f.).

Präoperatives Stadium: Symbole und Zeichen werden erlernt

Im dritten Lebensjahr beginnt das **präoperative Stadium,** das ungefähr bis zum Schuleintritt dauert. In ihm differenzieren sich kognitive Schemata immer weiter aus und gliedern sich in Bereiche auf. Eine Voraussetzung für diesen Prozess ist die Fähigkeit des Kindes, ein Objekt oder Phänomen durch ein anderes, ein Symbol zu ersetzen. Dieses weist zunächst noch eine gewisse Ähnlichkeit mit dem Wahrnehmungsobjekt auf, z. B. ein Kreis als Symbol für alle runden Objekte wie Bälle, Kugeln oder Rollen. Später werden dann Symbole immer häufiger abgelöst durch Zeichen. Das können Wörter sein, die das Kind richtig anzuwenden lernt, beispielsweise das Wort »rund« als Merkmal für alles Runde, oder auch Zahlen, durch die es seine Konzepte von Größe und Menge weiterentwickeln kann. Durch diesen Schritt erweitert das Kind seinen geistigen Horizont gewaltig. Es ist nun nicht mehr an das Hier und Jetzt gebunden, d. h. an das unmittelbar wahrgenommene Objekt und die Handlungen, die es mit ihm vollziehen kann. Von nun an kann es damit auch in seiner Vorstellung hantieren. Die Vorstellungsinhalte werden dabei immer präziser, weil sie nach und nach durch Zeichen ersetzt werden bzw. durch Wörter und Zahlen, welche die konkreten Vorstellungsinhalte sehr genau beschreiben. Einen Ball kann man rollen, werfen, auffangen, verstecken, springen und schwimmen lassen. Und solche Inhalte lassen sich auch in sprachlicher Form speichern, über die Gegenwart hinaus bewahren und als Wissen wieder abrufen, wenn es nötig ist.

Zweijährigen fällt es sehr schwer zu begreifen, dass Wörter den Inhalten, die sie repräsentieren, willkürlich zugeordnet sind. Sie nehmen zunächst noch an, dass der Name zum Wesen eines Objektes gehört wie dessen Farbe, Form und sonstige physische Merkmale. Wenn man sie fragt, warum Kirschen »Kirschen« heißen, dann erhält man meist die Antwort: »Weil sie so lecker wie Kirschen schmecken.« Oder: »Weil sie wie Kirschen aussehen.« Erst allmählich lernen Kleinkinder, dass die Verbindung zwischen Objekt und sprachlichem Begriff eher willkürlich ist, dass ein und dasselbe Objekt mit verschiedenen Wörtern benannt werden kann und verschiedene Objekte gleich bezeichnet werden können. So kann z. B. ein »Bauer« ein Vogelkäfig, aber auch ein Landwirt sein.

Egozentrismus

Mit der wachsenden Zahl von Begriffen und Konzepten, die das Kind im Laufe des dritten Lebensjahres erwirbt, wird es immer unabhängiger von der unmittelbaren Gegenwart. Es denkt nach, erinnert und nimmt vorweg. Mit Hilfe dieser geistigen Prozesse kann es sich nicht nur immer schneller und flexibler auf neue Situationen einstellen, es kann auch immer größere Brücken zwischen Vergangenheit, Gegenwart und Zukunft bauen. Das Kind ist auf der Stufe der präoperationalen Prozesse dabei aber noch stark gebunden an sein eigenes Denken, Fühlen und Wollen. Es kann z. B. noch nicht vollständig unterscheiden zwischen sich – dem eigenen Selbst, den eigenen, subjektiven Empfindungen und Wünschen – und den objektiven Dingen der Außenwelt. Deshalb erkennt es auch noch nicht, dass seine Art und Weise, die Welt wahrzunehmen und zu begreifen, sich von der anderer Menschen unterscheiden kann. Dreijährige können noch nicht differenzieren zwischen verschiedenen Perspektiven, die man gegenüber einem Objekt einnehmen kann. So fragen sie ihre Mutter, was auf einem Bild dargestellt ist, und erkennen nicht, dass die Mutter von ihrer Position aus nur die Rückseite des Bildes sehen kann. Sie können sich auch noch nicht vorstellen, dass andere Menschen, die sich in derselben Situation befinden wie sie, andere Gefühle und Gedanken haben als sie selbst. Piaget prägte für diese Unfähigkeit kleiner Kinder, die Perspektive anderer einzunehmen, den Begriff Egozentrismus. Dieser Egozentrismus bezieht sich in gleicher Weise auf physikalische wie soziale und seelische Phänomene.

Erst Kinder im Vorschulalter können sich nach und nach vorstellen, dass ihr Gegenüber eine eigene seelische Innenwelt hat, die sich von ihrer beträchtlich unterscheiden kann.

2.5 Starke Wechselwirkungstheorien: Systemische Konzepte, interaktionistische Konzepte und Psychoneurophysiologie

Für **starke Wechselwirkungstheorien** spielen die Interaktionen zwischen Anlage- und Umweltfaktoren eine entscheidende Rolle. Ohne die passende Umwelt können sich Anlagefaktoren nicht angemessen entfalten, im Extremfall verschwinden sie unwiderruflich. Dementsprechend sind für die Entwicklung *responsive*, d. h. einfühlsame, sensible Bezugspersonen bedeutsam, die das Kind seinen Anlagen gemäß optimal fördern. Dabei signalisiert das Kind nicht nur, was es braucht, sondern ist an der Gestaltung seiner Umgebung aktiv beteiligt. Es entscheidet selbst, mit welchem Spielzeug es spielen will und welches es nicht mag, oder es sucht die Gegenstände aus, mit denen es sich, von seinen Interessen geleitet, intensiver beschäftigen möchte.

Starke Wechselwirkungstheorien, zu denen **systemische, ökologische, dialektische und interaktionistische Konzepte** zählen, sind erst in den letzten 25 Jahren immer stärker in den Mittelpunkt der Entwicklungspsychologie gerückt. Sie alle gehen davon aus, dass das Kind von Anfang an – bereits im Uterus – mitgestaltet, wie zunächst seine Mutter und später weitere Bezugspersonen mit ihm umgehen und sich zu ihm verhalten. Das Kind als aktiver Mitgestalter seiner Sozialisation wird sozusagen als Vermittler zwischen sich, seinen Anlagen und seiner Umwelt begriffen.

2.5.1 Systemische Konzepte

In **systemischen und ökologischen Konzepten** wird das Kind als sich selbst regulierendes System aufgefasst, das in ständigem Austausch mit weiteren Ökosystemen steht. Diese Ökosysteme bieten die Bedingungen, die es zum Leben braucht und es selbst trägt wiederum zu deren Erhalt bei. Der bekannteste Vertreter ökologischer Konzepte ist Uri Bronfenbrenner (1978). Für ihn umfassen menschliche Ökosysteme nicht nur die biologischen Lebensbedingungen. Er zählt dazu z. B. auch:

- Familie, Kindergarten und Schule
- Regeln des Zusammenlebens
- Wohnumgebung
- Soziales Netzwerk
- Gesellschaftliches System.

Die Aufmerksamkeit der systemischen und ökologischen Konzepte richtet sich vor allem auf die Vernetzung dieser verschiedenen Ökosysteme, die sich gegenseitig durchdringen und bedingen und sich im Laufe der kindlichen Entwicklung ständig ändern.

2.5.2 Interaktionistische Konzepte

In **interaktionistischen und dialektischen Konzepten** geht es insbesondere darum, die zahlreichen Interaktionen zwischen dem Kind und seinen wechselnden Bezugspersonen oder Betreuungsumwelten zu erforschen. Wie intensiv sind diese Interaktionen, welche Qualität haben sie, welchen Regeln unterliegen sie? Dabei wird in den Konzepten davon ausgegangen, dass Kinder von Anfang an mitbestimmen, in welche Richtung die Interaktionen verlaufen, welche Bereiche und Gegenstände der Umwelt dabei bevorzugt einbezogen und welche vernachlässigt werden. Eine typische Vertreterin dieser Position ist die *Pädagogische Interessentheorie.*

Pädagogische Interessentheorie

Die **Pädagogische Interessentheorie** (PIT) analysiert mit Hilfe des Konstruktes *Interesse* die sozialen und gegenstandsbezogenen Austauschprozesse zwischen Kindern und ihren Bezugspersonen in Familie, Kindergarten und Schule (vgl. Krapp 2001). Interessen werden hier definiert als überdauernde, inhaltlich-thematisch bestimmbare Beziehungen zwischen Individuen und Gegenständen ihrer Umwelt. Sie bilden sich im Verlauf von Austauschprozessen aus. Die Interessenstruktur und Interessendynamik von Kindern sollte nach Einschätzung der PIT stärkeres Gewicht bekommen bei der Gestaltung von Unterrichtsprozessen in der Schule,

So lange flöten lassen, wie es will: So werden Interessen gefördert.

aber auch schon im Rahmen von pädagogischen Interaktionen im Elternhaus und Kindergarten.

Eltern und ErzieherInnen, die sensibel auf die Bedürfnisse der Kinder nach bestimmten Gegenständen und Beschäftigungsformen reagieren, ermöglichen ihnen den Aufbau und die Ausweitung überdauernder Interessenfelder.

45

2.5.3 Psychoneurophysiologie: Erkenntnisse der Hirnforschung

Auch die moderne **Psychoneurophysiologie** kann als Repräsentantin einer starken Wechselwirkungstheorie aufgefasst werden. Die von ihr in den letzten zehn Jahren vorgelegten Ergebnisse wurden auf der Grundlage neuer Untersuchungsmethoden in der Hirnforschung gewonnen und stießen bei Vertretern der Frühpädagogik teilweise auf euphorische Begeisterung (vgl. Kasten 2003).

Bei der Geburt verfügt unser Gehirn über 100 Milliarden Neuronen, das sind so viele Nervenzellen wie unsere Milchstraße Sterne hat. Sie sind durch mehr als 50 Billionen Verbindungen (Synapsen) miteinander verknüpft. Diese Verbindungen werden zum großen Teil durch genetisch gesteuerte Programme angelegt: Rund 40.000 Gene sind zuständig für die Ausbildung und Funktion des Gehirns. Teilweise werden diese Verbindungen aber auch durch intrauterine Erfahrungen gebildet, also Erfahrungen im Mutterleib. Die Anzahl der Synapsen verzwanzigfacht sich in den ersten Lebensmonaten durch die Anreize und Anregungen, die der Säugling aus seiner Umwelt erhält.»(Unser) Gehirn als körperliches Organ ist zugleich ein gesellschaftliches Organ: Schon im Mutterleib und in den ersten Lebensabschnitten nach der Geburt saugt es sich (...) mit Gesellschaft voll« – so beschreibt Gerhard Roth (Tagesspiegel, 10.6.1999) anschaulich diesen Prozess. Nicht benötigte und verwendete Synapsen sterben ab und werden sozusagen wieder eingeschmolzen. Dabei schöpft das Gehirn aus dem Vollen: Ungefähr 30 bis 50 Prozent der überflüssigen Verbindungen verschwinden wieder. Während dieser Zeit leistet das Gehirn Schwerstarbeit und verbraucht dabei – auch noch in den folgenden Lebensjahren – doppelt so viel Energie wie ein Erwachsenengehirn.

Es finden sich Anhaltspunkte dafür, dass bestimmte sensorische, sensumotorische und psychische Funktionen an neurophysiologische Prozesse gekoppelt sind, z. B. die Tiefenwahrnehmung und das zielorientierte Greifen. Diese treten zu bestimmten Zeitpunkten der Entwicklung in Erscheinung und können während dieser *sensiblen Phasen* besonders wirksam gefördert werden. Wann sie in Erscheinung treten, wird von einer *endogenen*, d. h. von innen gesteuerten Dynamik bestimmt. Es gibt einige wesentliche psychische und psychosoziale Funktionen, wie z. B. das Bindungsverhalten und der Spracherwerb, die zwar endogen vorstrukturiert sind, aber zwingend der externen Anregung und Unterstützung bedürfen. Bleibt diese aus, so wird die entsprechende Funktion nicht oder allenfalls in verkümmerter Form ausgebildet.

Das Konzept der Sensiblen Phasen

Sensible Phasen sind Entwicklungsabschnitte, in denen spezifische äußere Einflüsse maximale positive oder negative Wirkung entfalten. Es ist z. B. erwiesen, dass Kinder eine Sprache – in der Regel zuerst ihre Muttersprache – nur dann erwerben, wenn sie zur richtigen Zeit angemessene Anregungen und Hilfen erhalten. Dies kann man am Beispiel der sogenannten Wolfskinder beobachten, das sind Kinder, die abseits der menschlichen Zivilisation z. B. bei Wölfen oder Bären aufwuchsen. Bei ihnen zeigt sich deutlich, dass Spracherwerb nicht mehr möglich ist, wenn die sensible Phase nicht genutzt wurde. Wolfskinder, die im Alter von neun oder zwölf Jahren aufgefunden wurden, waren trotz intensiver Trainings- und Übungsprogramme nicht mehr in der Lage, eine Sprache zu erlernen.

Eine genaue zeitliche Fixierung der Dauer der sensiblen Phase für den Spracherwerb ist schwierig, so dass es nicht verwundert, wenn in der Forschungsliteratur einmal das neunte, ein anderes Mal das 13. Lebensjahr als Endpunkt dieser sensiblen Phase bezeichnet wird. Zur genauen Bestimmung der Dauer einer sensiblen Phase muss die Wirkung von potenziellen Einflussfaktoren gemessen werden können und es muss sichergestellt sein, dass die Wirkung dieser Faktoren vorher oder hinterher nicht gegeben ist, oder nur in extrem geringerem Umfang. Bekannt geworden sind in der psychoanalytisch orientierten Literatur die Thesen von René Spitz (1945) und John Bowlby (1952), die Untersuchungen an hospitalisierten Kindern durchgeführt haben, welche weitgehend ohne mütterliche Bezugsperson in Heimen aufwuchsen. Auf Grundlage dieser Forschungen gelangten sie zu der Überzeugung, dass die frühe Kindheit, insbesondere das erste Lebensjahr, eine Phase besonderer Verletzlichkeit darstellt. Negative Einflüsse in dieser Phase zeigen besonders schädliche und dauerhafte Wirkung, z. B. das Fehlen der Mutter oder ständig wechselnde Bezugspersonen. Sie verursachen schwer wiegende Schäden, so genannte Traumata, die weitgehend *irreversibel* (unumkehrbar) sind und die gesamte weitere Entwicklung beeinträchtigen.

Die im Laufe des ersten Lebensjahres, insbesondere in den ersten Lebensmonaten, entstandenen synaptischen Verbindungen bilden ein Netzwerk oder **neuronales Grundmuster.** Man kann es sich als eine »funktionelle Architektur der Großhirnrinde« (vgl. Singer 2000) vorstellen. Dieses Grundmuster ist nicht nur grundlegend für die weitere *biopsychosoziale Entwicklung,* sondern erweist sich auch als besonders veränderungsresistent gegenüber neuen äußeren Einflüssen. Zwar finden während der Pubertät noch einmal umfassende Veränderungen im Gehirn statt, diese tangieren jedoch das individuelle Grundmuster in der Regel nicht, sondern verstärken vor allem bestimmte Verbindungen und löschen andere, oder schwächen sie ab. Die Möglichkeit einer gravierenden Veränderung frühkindlicher neuronaler Grundmuster zu einem späteren Zeitpunkt wird nicht vollständig bestritten. Sie dürfte jedoch nur im Gefolge lang anhaltender und/oder traumatischer Einflüsse, z. B. durch permanenten, nicht zu bewältigenden Stress oder eine extreme Krise gegeben sein.

Impulse für die Pädagogik

Zweifellos untermauern die skizzierten Forschungsergebnisse der Psychoneurophysiologie die These von der zentralen Bedeutung der frühen Kindheit für die menschliche Entwicklung und alles menschliche Lernen. Manche Autoren fordern deshalb eine radikale Veränderung der familiären und außerfamiliären Kleinkinderziehung (z. B. Hüther 2001, Singer 2000). Ihre Maxime:»Mehr Förderung und Anregung in der frühesten Kindheit schafft ein differenzierteres neuronales Netzwerk. Dieses ist grundlegend für alle hochwertigen emotionalen, kognitiven und sozialen Lernvorgänge und stellt damit die wichtigste Ressource dar für eine erfolgreiche Auseinandersetzung mit allen Anforderungen des späteren Lebens.« Andere Autoren reagieren nüchterner und weisen darauf hin, dass Kleinkinder auch ohne besondere Förderung sehr viel lernen und auch ohne große Unterstützung und Anregung alle wichtigen Entwicklungsaufgaben bewältigen. Lediglich extreme *Deprivation* würde sich langfristig negativ auswirken, z. B. unzulängliche Betreuung, fehlende oder ständig wechselnde Bezugspersonen oder mangelhafte physische Versorgung (z. B. Bruer 2000).

Die entscheidende Bedeutung der frühen und frühesten Kindheit für alles menschliche Lernen kann auf der Grundlage der aktuellen Einsichten der neurophysiologischen Forschung kaum noch bestritten werden. Dennoch kann über die Methoden einer optimalen oder doch zumindest hochwertigen Kleinkinderziehung, die sensibel ist für endogene (neurophysiologische) Voraussetzungen und Veränderungen und an diese anknüpft, nach wie vor nur spekuliert werden. Es fehlen bis heute zuverlässige empirische Untersuchungen und Modellversuche, in denen spezifische Strategien der Anregung und Förderung in Bezug gesetzt werden zu biologischen, neurophysiologischen und psychosozialen Veränderungen.

2.6 Theorien der frühkindlichen Entwicklung: Ein vorläufiges Fazit

Kleine Kinder lernen auf sehr vielfältige Weise, ihre Welt zu begreifen, zu verstehen und sich in ihr zurechtzufinden. Entwicklungspsychologen haben bei der Analyse kindlicher Lernprozesse ihre Aufmerksamkeit auf verschiedene Aspekte und Bereiche gerichtet und sind dementsprechend zu ganz unterschiedlichen Auffassungen und Theorien gelangt, was den Erwerb von grundlegenden Fertigkeiten und Kompetenzen betrifft. Einige wichtige Theorien über das frühkindliche Lernen wurden in diesem Kapitel dargestellt. Festzuhalten ist, dass keine der vorgestellten Theorien die Komplexität kindlichen Wissenserwerbs, Lernens und Lernfortschritts vollständig und angemessen beschreibt und erklärt. Dem entsprechend ist keine von ihnen in der Lage, genau vorauszusagen, welche neuen Verhaltensweisen und Fertigkeiten sich das Kind als nächstes und übernächstes aneignen wird. Jede Theorie erweist sich als mehr oder weniger nützlich in Abhängigkeit davon, welcher Entwicklungsabschnitt gerade betrachtet und auf welche Lerninhalte dabei das Augenmerk gerichtet wird. Das Konzept der *klassischen Konditionierung* (→ Kap. 2.1.3) und Piagets Vorstellung von den *primären und sekundären Zirkulärreaktionen* (→ Kap. 2.4.) sind z. B. gut geeignet, um das Zustandekommen einfacher Verhaltensketten zu erklären, die sich auf angeborene Reflexe stützen. Der Erwerb komplexerer Verhaltensmuster lässt sich begreifen als *operantes Lernen* (→ Kap. 2.1.3). Er kann aber auch verständlich gemacht werden als Ausdifferenzierung verinnerlichter kognitiver Strukturen unter Zuhilfenahme von *symbolischen Repräsentationen* (→ Kap. 2.4) wie Wörter und Zahlen. Um die Ausbildung von Gewohnheiten oder Beschäftigungsvorlieben zu erklären, können sich z. B. Konstrukte wie *Lernen durch Beobachtung von Modellen* (→ Kap. 2.2) als nützlich erweisen, genauso jedoch die *interessengeleiteten Austauschprozesse* zwischen Kindern und ihrer sozialen und gegenständlichen Umwelt (→ Kap. 2.5.2).

Deutlich wurde auch in den vorangegangenen Abschnitten, dass in verschiedenen Entwicklungstheorien das Ausmaß bzw. die Stärke der Wechselwirkung zwischen Anlage- und Umweltfaktoren unterschiedlich konzipiert wird. Entscheidend für eine gedeihliche Entwicklung des Kindes ist aber in jedem Falle nicht die Intensität, sondern die Qualität der Wechselwirkung. In diesem Punkt sind sich die meisten Entwicklungspsychologen und Pädagogischen Psychologen einig.

Es kommt darauf an, dass die individuellen Anlagen, Begabungen und Talente des Kindes erspürt und zum richtigen Zeitpunkt in angemessener Weise gefördert werden. Ebenso sollen ihm baldmöglichst Wege zur aktiven und eigenständigen Auseinandersetzung mit Gegenständen seiner Umwelt aufgezeigt werden.

Eine Frage, die auch unter Fachleuten kontrovers diskutiert wird, ist, ob die kindliche Entwicklung kontinuierlich oder sprunghaft verläuft. Unter Kontinuität wird Stetigkeit und Gleichförmigkeit verstanden, Diskontinuität bedeutet, dass sich Phasen beschleunigter und verlangsamter Entwicklung ablösen. Es liegt auf der Hand, dass es auch eine Frage des Standpunktes und der ins Auge gefassten Entwicklungsdimension ist, ob der Entwicklungsverlauf eher als kontinuierlich oder eher als diskontinuierlich charakterisiert wird. Im Hinblick auf manche biologischen und physiologischen Merkmale gilt es aber mittlerweile als erwiesen, dass sich Entwicklung selten gleichmäßig und stetig, sondern häufiger diskontinuierlich vollzieht.

3

Vorgeburtliche Entwicklung

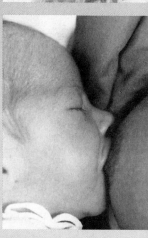

Was könnte spannender sein für werdende Eltern, als die wahrnehmbaren Entwicklungsschritte ihres ungeborenen Kindes mit zu verfolgen: das erste Strampeln, der erste Schluckauf ...? Aber nicht nur für Eltern, auch für ErzieherInnen ist es interessant, die vorgeburtlichen Vorgänge näher zu betrachten. Denn das Wechselspiel zwischen Anlage und Umweltfaktoren setzt bereits vor der Geburt ein.

Um die Schritte der vorgeburtlichen Entwicklung nachvollziehbar zu gestalten, bietet dieses Kapitel eine Gesamtübersicht von der Empfängnis bis zur Geburt (→ Kap. 3.1). Darüber hinaus werden die Entwicklung der Organe und des Gehirns, die motorische Entwicklung und die Geschlechtsentwicklung jeweils getrennt chronologisch dargestellt. Diese Trennung in verschiedene Entwicklungsbereiche geschieht zu Gunsten der Übersichtlichkeit, in der Realität ist die vorgeburtliche Entwicklung als ein ganzheitlicher Vorgang zu begreifen. Thematisiert werden in diesem Kapitel außerdem mögliche Entwicklungsrisiken (→ Kap. 3.2).

3.1 Embryonale und fötale Phase

40 Wochen dauert die vorgeburtliche Entwicklung, gerechnet ab der letzten Menstruation der werdenden Mutter. In den ersten acht bis zwölf Wochen heißt der heranwachsende menschliche Keim *Embryo*, später spricht man vom *Fötus* oder auch Fetus. Entsprechend werden während der vorgeburtlichen Entwicklung zwei Phasen unterschieden.

- **Embryonale Phase** *(1. bis 12. Schwangerschaftswoche):* Die Körperform entwickelt sich und alle Organe bilden sich aus.
- **Fötale Phase** *(13. Schwangerschaftswoche bis zur Geburt):* Die Organe und das Gehirn differenzieren sich weiter aus und nehmen nach und nach ihre Funktion auf.

Embryonalentwicklung

Mehrere Tage benötigt die befruchtete Eizelle, um vom Eileiter zur Gebärmutter zu wandern. Während ihrer Wanderschaft teilt sie sich mehrmals; am ersten Tag nur einmal, dann in immer kürzeren Intervallen. Schließlich nistet sie sich als *Blastozyte* oder Blasenkeim in der Gebärmutter ein, in Form eines kugeligen Haufens von 64 bis 128 Zellen. An der Stelle, an der sie sich einnistet, entwickelt sich der Mutterkuchen, der in den kommenden Monaten den Embryo bzw. Fötus ernähren wird. Vom Mutterkuchen wird das Schwangerschaftshormon abgegeben, das den Eierstöcken signalisiert, die Hormonabgabe fortzusetzen. Die Blastozyte sendet Botenstoffe an die Gebärmutter. Die setzen deren Immunabwehr herab, damit es nicht zu einer Abstoßung des eingenisteten Keims kommt. Bei über der Hälfte der befruchteten Eizellen kommt es dennoch gar nicht erst zu einer Einnistung, bei weiteren zehn bis 15 Prozent finden spontane Fehlgeburten statt, meist zwischen der zehnten und 15. Schwangerschaftswoche auf Grund von Entwicklungsfehlern.

In der siebten Schwangerschaftswoche ist der Embryo etwa einen Zentimeter groß und wächst dann rapide weiter, so dass er eine Woche später bereits vier Zentimeter und in der zehnten Woche zehn Zentimeter misst. Bereits im Verlauf der elften bis zwölften Schwangerschaftswoche bildet das Gesicht menschliche Züge aus. Der Kopf ist zu diesem Zeitpunkt überproportional groß, er umfasst ungefähr ein Drittel des Körpers – ein sichtbares Dokument für das Ausmaß der Gehirnausbildung beim Menschen.

Übersicht von der Empfängnis bis zur Geburt

In der folgenden Übersicht (→ Tab. 1) ist die vorgeburtliche Entwicklung dargestellt; das Augenmerk wird dabei vor allem auf die biologische Entwicklung und die Verhaltensentwicklung gerichtet.

Alter	Größe/ Gewicht	Biologische Entwicklung	Verhaltens- entwicklung
0–16 Tage	1 mm	Empfängnis; Ausbildung von drei symmetrischen Keimblättern; Lageorientierung im Raum; Körperzellenspezialisierung; Einnistung in den Uterus	
18–21 Tage	2 mm	Ausbildung der Nervenplatte; Aufstülpung derselben zur Corda und zur Kopffalte; Ausbildung eines zentralen Nervensystems; Wanderung von Nervenzellen	
22–25 Tage	5 mm	Ausbildung von Muskelzellen längs der Körpermitte; Körperaufteilung in Segmente	
4 Wochen	6–8 mm	Ausbildung der inneren Organe; Knospen der Extremitäten; Verbindungen zwischen den Neuronen durch Axone; Resorption überzähliger Nervenzellen; Augen, Ohren, Nase, Mund, Zunge erkennbar	
8 Wochen	8–20 mm	Erstes Funktionieren der inneren Organe; Ausbildung der Hände und Füße; Wachsen visueller Nervenfasern zum Mittelhirndach; elektrische Hirnimpulse messbar	Ende der 8. Woche: erste Spontanbewegungen des Rumpfes (Zusammenzucken); isolierte Extremitätenbewegungen; Drehen des Kopfes; Schluckauf
8–12 Wochen	3–8 cm	Ausdifferenzierung und Funktionieren der Organe (Herz, Leber, Niere); Androgenproduktion; Wahrnehmungsorgane funktionieren; Nervenfaservernetzung zwischen Hirn und Peripherie	Hand-Gesicht-Berührungen um die 11. Woche
12–16 Wochen	9–15 cm	Knorpelbildung; Knochenzellen; Anlage von Finger- und Zehennägeln; Geschlechtsorgane differenzieren sich aus; Stimmbänder; Ausdifferenzierung des Vorderhirns und der Hirnhemisphären	Viele weitere Bewegungen (Zwinkern, Saugen, Schlucken, Streck- und Drehbewegungen, Bewegungen der Finger und Handgelenke); Ganzkörperaktivitätszunahme; zyklische Ruhephasen

Alter	Größe/ Gewicht	Biologische Entwicklung	Verhaltens- entwicklung
16–20 Wochen	16–24 cm, 100–300 g	Verstärktes Wachstum der Beine; Augenmuskeln funktionstüchtig	Fötusbewegungen spürbar; auslösbare Reflexe; taktile und Schmerzreize werden unterschieden; differenzierte Handbewegungen; Mimik
21–24 Wochen	25–29 cm, 400–600 g	Noch rudimentäres Kleinhirn; Hautstruktur endgültig; Hautsinne ausgebildet; Talgdrüsenfunktion; Strecken der Knochenachse; Wachstumsbeschleunigung des zentralen Nervensystems; Neuronenvermehrung;	Zunahme von Spontanbewegungen; Wach- und Dämmerzustände deutlich unterschieden; Atmen und Schreien möglich
25–28 Wochen	30–34 cm, 700–1100 g	Augen voll ausgebildet; Flüssigkeitsregulation über die Haut; Ganzkörperbehaarung (Lagunahaar); Geschmacksknospen auf der Zunge; Hirnstrompotenziale nehmen zu (bedingt lebensfähig)	Geöffnete Augen; Atembewegungen; Schlucken; Anpassung der Körperhaltung an die der Mutter
29–32 Wochen	35–44 cm, 1200–1900 g	Haarwuchs am Kopf; Absinken eines Hodens in den Hodensack bei männlichen Föten; zunehmende Muskelspannung und Stärke der Reflexe; eigenständige Atmung möglich; Großhirn umfasst nahezu das gesamte Hirn	Atmung, Schreien, Schlucken; viele Spontanbewegungen; Überleben außerhalb des Uterus möglich (infektionsanfällig)
33–36 Wochen	45–50 cm, 2000–2900 g	Straffen der Haut durch Unterhautfettbildung (Gewichtszunahme von ca. 250 g pro Woche); ausgereifte Nervenverbindungen zwischen Sinnesorganen und Gehirn	Großer Aktivitätslevel; Hören möglich, aber eingeschränkt durch Herztöne der Mutter und Umweltgeräusche
37–42 Wochen	51–54 cm, 3000 g und mehr	Zweite schnelle Wachstumsphase des Gehirns (von 100 auf 400 ccm); Differenzierung der Hirnzellen; Absinken in den Geburtskanal	Selektives Hören von äußeren Geräuschen möglich; Rückgang der Spontanbewegungen aufgrund räumlicher Enge

Tab. 1: Übersicht über die vorgeburtliche Entwicklung

3.1.1 Entwicklung der inneren Organe und des Gehirns

Nachdem sich die befruchtete Eizelle als Blastozyte in der Gebärmutterschleimhaut eingenistet hat, bildet sich die Keimscheibe mit ihren drei Zellschichten. Aus der Äußeren bilden sich in der Folgezeit das Rückenmark, die Nerven und das Gehirn, aus der Inneren die inneren Organe. Die wichtigsten Entwicklungsschritte sind im Folgenden chronologisch aufgeführt.

- **3. Schwangerschaftswoche:** Aus der äußeren Zellschicht *(Ektoderm)* der Keimscheibe bildet sich das Neuralrohr. Aus ihm wird sich später das Rückenmark entwickeln. Gleichzeitig bilden sich Nervenzellen aus und wandern an die Orte, an denen sie später ihre spezifischen Funktionen ausüben werden. In der darunter liegenden Zellschicht *(Mesoderm)* bildet sich während dieser Zeit eine Reihe von wulstigen Knoten, aus denen sich die Zellen für Gewebe, Haut und Muskeln differenzieren. Aus der inneren Zellschicht *(Entoderm)* entwickeln sich die inneren Organe. Das Herz wird schon in der dritten Schwangerschaftswoche ausgebildet und beginnt vom 21. Tag an zu schlagen. Vom 25. Tag an entstehen die Sinnesorgane.
- **4. Schwangerschaftswoche:** Gegen Ende der vierten Woche sind auch alle inneren Organe wie Lunge, Niere oder Leber grundlegend vorhanden. Der Embryo wird jetzt umhüllt von einer sehr dünnen Haut, knospende Ärmchen und Beinchen sind erkennbar. In die sich am oberen Ende des Neuralrohrs ausbildenden drei Gehirnbläschen wandern Nervenzellen in großer Zahl ein. Nervenzellen verteilen sich auch längs des Neuralrohrs, verästeln sich im übrigen Fötus und schaffen so das zentrale Nervensystem (ZNS). Dieses ermöglicht von nun an vielfältige Verknüpfungen zwischen Sinneswahrnehmungen und Körperbewegungen sowie Organaktivitäten. Dadurch schafft es der Fötus später, sich immer wieder neu an das wechselnde Milieu im Uterus anzupassen.

- **6. und 7. Schwangerschaftswoche:** Die ersten Rezeptorzellen des Tastsinns sind ausgebildet, die Augenflecken sind erkennbar und der Embryo reagiert auf Berührungen mit einer Ganzkörperbewegung. Spontane Bewegungsmuster sind ab der siebten Woche zu beobachten; es handelt sich hierbei um ruckartige Bewegungen, die von den Armen und Beinen ausgehen und ungefähr eine Sekunde dauern. Diese Bewegungsmuster hängen vermutlich mit Aktivitäten der sich vernetzenden Nervenzellen zusammen, welche Reize von den Sinneszellen in der Haut empfangen und zu motorischen Impulsen weiterverarbeiten. Im Laufe der sechsten und siebten Woche vergrößern sich die drei Gehirnbläschen, die Vorderhirn, Mittelhirn und Hinterhirn vorwegnehmen, und teilen sich noch einmal, so dass fünf Verdickungen entstehen. Die vordere Verdickung, das *Telencephalon*, schnürt sich in der Mitte ein und bildet eine linke und eine rechte Hemisphäre aus. Gegen Ende der siebten Schwangerschaftswoche haben sich in den fünf Verdickungen bereits die wichtigsten Hirnareale ausdifferenziert: *Cortex* (Großhirnrinde), *Kleinhirn, Thalamus, limbisches System, Medulla* und *Brücke*. In rudimentärer Form existieren auch bereits die zwölf Hirnnerven, die jedoch noch keine Verbindung zu Sinnesorganen und motorischen Körperregionen aufweisen.
- **9. bis 15. Schwangerschaftswoche:** Das Rückenmark ist in der neunten Woche bereits gut ausgebildet. Im Gehirn reifen nun in erster Linie die Strukturen im Klein- und Mittelhirn aus, die grundlegende Funktionen wie Atmung und Nahrungsaufnahme steuern. Immer mehr feine Furchungen und Windungen sind zu erkennen; demgegenüber bleibt die Großhirnrinde noch glatt und undifferenziert.
Das ändert sich einige Wochen später: Die beiden Großhirnhälften beginnen nun auch beträchtlich zu wachsen, verdicken sich nach außen und bilden eine Verbindungsbrücke, den so genannten *Balken* (Corpus callosum), zwischen sich aus. Sie wachsen auch sehr stark nach hinten und verdecken dadurch allmählich

den *Thalamus* (eine Region des Zwischenhirns) und das *Kleinhirn*.

• **16. Schwangerschaftswoche:** Gegen Ende des vierten Monats lassen sich erste klare Ultraschallaufnahmen des Fötus machen, die zur Geschlechtsbestimmung und gegebenenfalls auch zur Diagnose von Entwicklungsfehlern verwendet werden können. Der Fötus ist nun ungefähr 20 Zentimeter groß und etwaige Anomalien an den Extremitäten, am Herzen oder am Zentralnervensystem wären zu erkennen. Feinere Details von Gehirn, Rückenmark oder inneren Organen lassen sich aber noch nicht ausmachen.

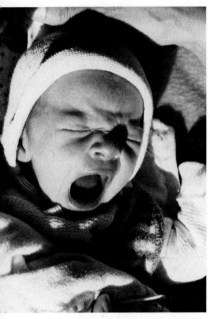

Die Großhirnrinde ist im vierten Monat immer noch relativ undifferenziert. Die Furchungen und Windungen, welche die typische faltige Struktur der Großhirnrinde ausmachen, bilden sich erst allmählich aus. Die großen Furchen erster Ordnung sind gegen Ende des siebten Schwangerschaftsmonats klar erkennbar; die Furchen zweiter Ordnung und insbesondere die kleinen Furchen dritter Ordnung entstehen teilweise erst nach der Geburt.

Das erste Mal gegähnt wird schon im vierten Schwangerschaftsmonat.

Weiterentwicklung des Gehirns nach der Geburt

Die Großhirnrinde reift nachgeburtlich noch lange Zeit weiter. Im ersten Lebensjahr verdreifacht sich ihr Gewicht und erreicht im zwölften Lebensmonat drei Viertel des Erwachsenengewichtes. Auch andere Hirnareale wachsen nach der Geburt noch weiter. Die Gewichtszunahme des Gehirns beruht nicht nur auf der Zunahme von Nervenzellen, sondern auch von Verbindungen (*Axo-*

ne) und Verästelungen (*Dendriten*) zwischen ihnen. Ebenso vermehren sich Stützzellen (*Glia*) und es werden Isolierschichten für die Nervenbahnen (*Myelenisierung*) ausgebildet. Die *Myelenisierung* erreicht ihren Höhepunkt im dritten Lebensjahr und wird beim männlichen Geschlecht erst mit Abschluss der Pubertät beendet, d. h. mit ungefähr 18 Jahren (vgl. Eliot 2002, S. 27 f.).

Vergleicht man den menschlichen Säugling mit anderen Säugetieren, insbesondere mit Primaten wie Schimpansen oder Gorillas, so schneidet er bei der Geburt, neurologisch und motorisch betrachtet, deutlich schlechter ab. Er kommt wesentlich unreifer auf die Welt und ist deshalb viel länger von einer angemessenen Betreuung und Versorgung abhängig.

Prinzipien der Gehirnentwicklung

Die Gehirnentwicklung ist durch drei wichtige **Entwicklungsprinzipien** charakterisiert, die modellhaft auch auf andere Entwicklungsbereiche übertragen werden können (vgl. Rauh, 1995, S. 174):

* **Die Entwicklung verschiedener Hirnbereiche verläuft** heterochron, **d. h. nach unterschiedlichen Zeitplänen.** Das gilt auch für verschiedene Sinnesorgane und ihre Teilfunktionen.
* **Entwicklung bedeutet sowohl Zunahme als auch Abnahme und Auslese.** Noch im Uterus vermehren sich z. B. die Nervenzellen nicht nur, sondern sterben auch in großer Zahl wieder ab. Das hängt damit zusammen, dass nach einer Phase der Überproduktion nur die funktionsnotwendigen Zellen ausgelesen werden; eine Reihe weiterer Zellen wird bereit gehalten für »Ausbesserungsarbeiten«. Nicht benötigte Zellen sterben ab.
* **Die Entwicklung von Gehirn und Sinnesorganen verläuft zunächst unabhängig voneinander.** Die Hirnentwicklung ist demnach anfänglich nicht auf die Stimulation durch die Sinnesorgane angewiesen. Erst ungefähr vom siebten Schwangerschaftsmonat an kommt es zu Verschaltungen zwischen Gehirn und Sinnesorganen.

3.1.2 Motorische Entwicklung

Betrachtet man die Platzverhältnisse im Uterus, dann ist das folgende Phänomen sofort verständlich: Die motorischen Aktivitäten des Fötus nehmen im Verlauf der Schwangerschaft zu, verringern sich aber in den letzten Wochen wieder. Es wird langsam eng im Mutterleib. Während dieser Zeit ist der Fötus vor allem in den Nachtstunden aktiv, wenn die Mutter schläft. Interessanterweise werden übrigens die meisten Kinder auch nachts geboren. Aber zurück zu den Anfängen: Die ersten Spontanbewegungen des Fötus können schon sehr früh, ab dem dritten Monat der Schwangerschaft, dokumentiert werden.

- **3. Schwangerschaftsmonat:** Zunächst sind globale Bewegungen und Zuckungen nachweisbar, denen sehr bald spezifischere isolierte Bewegungen der Arme und Beine folgen. Ab der zehnten Woche lassen sich Berührungen des Gesichts mit der Hand sowie Atembewegungen beobachten und ab der zwölften Schwangerschaftswoche können Schlucken und Saugen und sogar Schluckauf registriert werden.
- **4. Schwangerschaftsmonat:** Räkeln, Strecken und Gähnen sind zu registrieren, also motorische Aktivitäten, die auch auf späteren Altersstufen immer wieder vorkommen werden. Ungefähr von der 14. Woche an treten zyklische Aktivitätsmuster auf, die sich mit Pausen abwechseln. Das wird in Verbindung gebracht mit bereits existierenden hemmenden und aktivierenden neuronalen Strukturen im Gehirn. In der Folgezeit differenzieren sich immer mehr Aktivitätsmuster aus, z. B. Drehen, Stoßen, Strampeln, Winken, Kratzen, Reiben. Die Durchschnittsdauer eines Aktivitätszyklus pendelt sich bei ungefähr 90 Sekunden ein.
- **5. Schwangerschaftsmonat:** Jetzt spüren Erstgebärende meist zum ersten Mal Bewegungen des Fötus. Er wächst rapide weiter, so dass er nach 24 Wochen bereits 35 Zentimeter misst. Mit

aufwändiger medizinischer Unterstützung wäre der Fötus nun in der Lage, außerhalb der Gebärmutter zu überleben.

- **6. Schwangerschaftsmonat:** Die Schlafzyklen untergliedern sich rhythmisch in eine Phase des ruhigen Schlafes und eine Phase des aktiven, unruhigen Schlafes. Die Dauer der Schlafzyklen wird dabei kontinuierlich länger.

Weshalb ist der Fötus im Uterus schon so früh motorisch aktiv? Diese Frage konnte noch nicht befriedigend beantwortet werden. Drückt sich darin lediglich aus, dass das zuständige neuronale Areal seine Aktivität aufgenommen hat? Oder dienen die sich wiederholenden Aktivitätsmuster einer Anpassung an das aktuelle Entwicklungsstadium des Fötus? Werden sie z.B. ausgeführt, um Gehirnstrukturen zu differenzieren, nicht benötigte Nervenzellen ab- und notwendige Verschaltungen zwischen Neuronen aufzubauen? Oder haben sie eine Vorbereitungsfunktion für Aufgaben, die in der Entwicklung erst später gestellt werden, z.B. das Atmen und Schlucken nach der Geburt? Die Klärung dieser Fragen haben sich derzeit Forscher im Bereich der vorgeburtlichen Entwicklung zur Aufgabe gemacht.

3.1.3 Geschlechtsentwicklung

Bereits bei der Zeugung bzw. Empfängnis wird durch die Vereinigung von Samenzelle und Eizelle das genetische Geschlecht festgelegt. Für das weibliche Geschlecht ist ein paarig angelegtes X-Chromosom zuständig, je ein X- und ein Y-Chromosom bestimmen das männliche Geschlecht. Einige Anthropologen mutmaßen, dass aufgrund dieser Differenzierung die männlichen Organismen von der Befruchtung an komplizierter und daher vielleicht auch störanfälliger angelegt sind als weibliche Organismen.

Entwicklung der Keimdrüsen

Schon während der embryonalen Phase werden die Keimdrüsen ausgebildet. Sowohl beim chromosomal männlichen als auch beim weiblichen Embryo entwickelt sich zunächst jeweils eine geschlechtsneutrale Keimdrüse, die aus Rinde, Mark und eingewanderten Keimzellen besteht. Ab der siebten Schwangerschaftswoche bilden sich beim chromosomal männlichen Embryo aus dem Mark die Hodenanlagen, beim weiblichen Embryo entstehen aus der Rinde die Anlagen für die Eierstöcke *(Ovarium)*.

Es gibt Belege dafür, dass vom Y-Chromosom durch eine Botschaftersubstanz (H-Y-Antigen), die Entwicklung männlicher Keimdrüsen veranlasst wird. Das X-Chromosom dagegen scheint auf die Keimdrüsenentwicklung keinen Einfluss zu nehmen. Für die Entstehung der Eierstöcke sind offenbar keine Botschafterstoffe verantwortlich, sie bilden sich sozusagen von selbst. Aus stammesgeschichtlicher Sicht ist dies plausibel, denn es muss ja zunächst die ungeschlechtliche Fortpflanzung gegeben haben mit nur einem, dem weiblichen »Urgeschlecht«. Die alttestamentarische Schöpfungsgeschichte, nach der Eva aus einer Rippe Adams geschaffen wurde, erweist sich demnach als revisionsbedürftig ...

Entwicklung der Geschlechtsorgane

Sobald die Keimdrüsen fertig ausgebildet sind, beginnen sie mit der Hormonabsonderung, welche die weitere Entwicklung entscheidend mitbestimmt. Je nachdem, ob männliche Keimdrüsenhormone *(Androgene)* vorhanden sind oder fehlen, werden männliche oder weibliche Geschlechtsorgane ausgebildet. Dabei scheint für jedes Individuum eine Entwicklung in männliche oder weibliche Richtung möglich, unabhängig vom durch den Chromosomenbestand festgelegten Geschlecht. Zudem kann eine Vielzahl von Zwischenformen entstehen. Die eindeutige körperliche Geschlechtsausbildung ist zwar die häufigste, jedoch nicht die einzige Option.

Im Normalfall entwickeln sich zunächst die inneren Geschlechtsorgane und im Laufe der zwölften bis 16. Schwangerschaftswoche die äußeren Geschlechtsorgane. Das innere weibliche Genital besteht aus der Gebärmutter, den Eileitern und dem inneren Teil der Vagina, das innere männliche Genital aus den Hoden, die später nach außen wandern, und den Samenleitern. Interessanterweise bilden sich die inneren Genitalien aus zwei verschiedenen Zellanlagen, während die äußeren Geschlechtsorgane aus der gleichen Zellanlage heranreifen. Es handelt sich hierbei also wieder um eine geschlechtsneutrale, nach zwei Seiten offene Anlage. Sie kann sich zum weiblichen äußeren Genital entwickeln, der Vagina, oder zum männlichen äußeren Genital, dem Penis, wenn dies durch *Androgene* veranlasst wird.

3.2 Entwicklungsrisiken

Eine Beschreibung der vorgeburtlichen Entwicklung wäre unvollständig, wenn sie nicht auch den Bereich der Entwicklungsrisiken thematisieren würde. Aus medizinisch-biologischer Sicht empfiehlt es sich, zwischen schädigenden Einflüssen, so genannten *Teratogenen* (gr. teratogen: Missbildungen bewirkend), und *genetisch bedingten Risikofaktoren* bzw. Defekten zu unterscheiden. Einige Entwicklungspsychologen sprechen außerdem von *sozialen Risikofaktoren*. Und auch bei der Geburt können Risiken entstehen (→ Kap. 3.2.2).

3.2.1 Risikofaktoren

Teratogene

In der Forschung hat es sich bewährt, zwischen **exogenen Teratogenen** und **endogenen Teratogenen** zu unterscheiden. Exogene Teratogene sind schädigende Einflüsse von außen, wie z. B. Strahlung, Gifte, Schwermetalle, Medikamente, Alkohol, Nikotin oder andere Drogen. Endogene Teratogene entstammen dem mütterlichen Organismus, darunter fallen z. B. bakterielle oder virale Infekte, Blutarmut, Bluthochdruck oder HIV-Viren. Zahllose Teratogene sind mittlerweile bekannt. Führt man sich jedoch vor Augen, wie viele Medikamente alljährlich neu auf den Markt kommen und zum Teil bald wieder vom Markt genommen werden müssen, weil schädliche Nebenwirkungen entdeckt werden, so wird schnell klar, dass möglicherweise erst die Spitze des Eisbergs erkennbar ist. Das gilt insbesondere für Umwelt-Teratogene wie die weltweit zunehmende Strahlenbelastung durch Röntgen-, Funk- und UV-Strahlung oder industrielle Gifte wie z. B. Schwermetalle, Unkraut- und Schädlingsvernichtungsmittel.

Die Wirkung von Teratogenen hängt davon ab, wann diese auftreten. Je früher in der Embryonalentwicklung Teratogene zur Wirkung kommen, desto schwerwiegender und umfassender können Fehlentwicklungen und Missbildungen sein. Schädigende Einflüsse, die im mittleren Schwangerschaftsdrittel erfolgen, führen häufig zu physiologischen Defekten, die sich teilweise auch auf psychische Funktionen auswirken können. Die Auswirkungen von Teratogenen im letzten Schwangerschaftsdrittel sind in der Regel vergleichsweise weniger gravierend; sie bewirken z. B. eine unzulängliche Versorgung des Fötus oder lösen eine Frühgeburt aus. Nicht verschwiegen werden darf, dass noch längst nicht alle Ursachen von Missbildungen und Funktionsstörungen, z. B. von Organfehlern, ermittelt worden sind. Durch regelmäßige medizinische Vorsorgeuntersuchungen können Fehlentwicklungen jedoch oft frühzeitig diagnostiziert und zum Teil auch angemessen therapiert werden.

Genetisch bedingte Risikofaktoren

Genetisch bedingte Risikofaktoren kommen relativ selten vor. Ihre humangenetische Erforschung gilt als noch lange nicht abgeschlossen. Beispiele für genetisch bedingte Risikofaktoren, die zu Fehlentwicklungen des Fötus führen, sind:

- Zystische Fibrose (Enzymdefekte)
- Diabetes
- Down-Syndrom
- Phenylketonurie (Stoffwechselstörung)
- Klinefelter Syndrom (Chromosomen-Fehlbildung)
- Turner-Syndrom (Chromosomen-Fehlbildung, die nur das weibliche Geschlecht betrifft)
- Duchenne-Syndrom (Lähmung durch Muskelschwund).

Mit Hilfe spezieller Methoden kann man Gendefekte bereits während der Schwangerschaft feststellen, z. B. durch die Analyse von embryonalen oder fötalen Zellen aus dem Fruchtwasser (Amnioscentese) oder durch die Analyse von Zellen, die dem Mutterkuchen entnommen wurden (Chorionzottenbiopsie).

Soziale Risikofaktoren

Die Entwicklungspsychologin Hellgard Rauh spricht zusätzlich zu den bereits beschriebenen Risikofaktoren von sozialen Risikofaktoren (vgl. Rauh, 1995, S. 182). Während Teratogene und Gendefekte zu den vorgeburtlichen Risikofaktoren zählen, können soziale Risikofaktoren aus dem sozialen und ökonomischen Milieu entstehen, in das die Kinder hineingeboren werden. Von Bedeutung sind z. B.:

- Bildungsstand, Einkommen oder Erziehungsstil der Eltern
- Soziales Netzwerk (Beziehungen zu Verwandten, Freunden, ErzieherInnen)
- Medizinische und psychosoziale Versorgung und Betreuung.

Die Entwicklung des Kindes kann beeinträchtig werden, wenn ungünstige soziale Faktoren vorliegen. Diese sozialen Risikofaktoren wirken sich allerdings eher langfristig aus und ihre Wirkung nimmt im Laufe der Entwicklung teilweise noch zu. Daher sind sie häufig erst später zu erkennen als andere Risikofaktoren.

3.2.2 Risikogeburt

Eine Geburt wird als normal bezeichnet, wenn das Kind nach einer Schwangerschaftsdauer von 37 bis 41 Wochen und einer Geburtsdauer von drei bis 18 Stunden aus der vorderen Hinterhauptlage heraus geboren wird. Das ist bei 95 Prozent aller Geburten der Fall. Dazu gehört auch, dass zu Beginn die Fruchtblase springen muss und Mutter und Kind während der Geburt nicht gefährdet sind. So sollte die Mutter z. B. nicht mehr als einen halben Liter Blut verlieren. Normal ausgetragene Neugeborene wiegen im Durchschnitt 3,0 bis 3,5 Kilogramm und sind 50–54 Zentimeter groß. Von einer **Risikogeburt** spricht man, wenn eine oder mehrere der folgenden Komplikationen auftreten:

- Schwangerschaftsdauer unter 37 oder über 41 Wochen
- Geburtsdauer über 18 Stunden, Wehenanomalien
- Vorzeitiger Blasensprung
- Ausscheidungen des Fötus im Fruchtwasser
- Auffällige Herzfrequenzmuster oder Blutdruckerhöhung bei der Gebärenden.

Risikogeburten sind auch bei gesundheitlich belasteten Müttern zu erwarten, z. B. bei Bluthochdruck oder Diabetes, darüber hinaus auch bei Stoffwechselstörungen und Störungen der inneren Sekretion des Kindes. Einen weiteren Risikofaktor stellen Chromosomendefekte dar, unter denen das Down-Syndrom am häufigsten vorkommt, statistisch einmal auf 700 Geburten. Und schließlich werden auch Mehrlingsgeburten immer als Risikogeburten eingestuft.

Statistische Daten zur Risikogeburt

Wie hoch man den Anteil von Risikogeburten an Geburten insgesamt ansetzt, ist eine Definitionsfrage. Die Angaben reichen von 30 bis 80 Prozent, je nachdem, ob die Kriterien für Risikogeburten eng oder weit ausgelegt und einzeln oder zusammen verwendet werden. Wesentlich genauer kann man den Anteil der Frühgeburten fassen: Er liegt bei fünf bis acht Prozent aller ausgetragenen Schwangerschaften. Vermutet wird, dass knapp die Hälfte der später diagnostizierten leichten Hirnschädigungen auf mangelhafte Sauerstoffversorgung während des Geburtsvorgangs zurückgeführt werden können. Ungefähr 30 Prozent werden mit intrauterinen Schädigungen in Verbindung gebracht und die restlichen 20 Prozent werden nachgeburtlichen Komplikationen zugerechnet. Die Säuglingssterblichkeit in Deutschland lag im Jahre 2000 bei 4400 Kindern pro einer Million Geburten, die Müttersterblichkeit bei 370 Müttern pro einer Million Geburten. Festzuhalten ist, dass die Risiken für das Kind ungefähr zwölf Mal größer sind als die Risiken für die Mutter. Deshalb werden heute in Krankenhäusern die Entbindungsstationen nach Möglichkeit mit pädiatrischen Intensivstationen verbunden, um notfalls sofort Versorgungsmaßnahmen einleiten zu können.

Säuglinge, die mit einer Risikogeburt auf die Welt gekommen sind, müssen sich nicht zwangsläufig zu Risikokindern entwickeln; allerdings ist die Wahrscheinlichkeit, dass ihre Entwicklung gefährdet ist, deutlich höher als bei normal geborenen Kindern. Die Fortschritte der modernen Intensivmedizin – die durchaus kontrovers diskutiert werden – tragen dazu bei, dass Risikokindern frühzeitig geholfen werden kann. Besonders die nachgeburtliche Betreuung von extrem Frühgeborenen, die früher keine Überlebenschance gehabt hätten, lässt sich hier beispielhaft anführen.

4

Das Neugeborene: Entwicklung in den ersten Lebenswochen

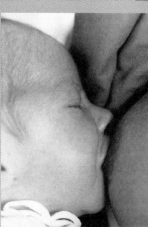

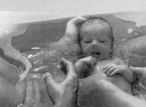

Schlafen, schreien, saugen: Das Verhaltensrepertoire des neugeborenen Kindes scheint überschaubar zu sein. Aber bei näherer Beschäftigung mit den Fähigkeiten des Säuglings wird deutlich, dass das Neugeborene alles andere als ein reflexgesteuertes hilfloses Wesen ist. Es kann sich mit Hilfe seiner in der Fötalzeit ausgebildeten *Sinne* bereits grundlegend orientieren (→ Kap. 4.1) und auch sein *Verhalten* (→ Kap. 4.2) ist facettenreicher, als es auf den ersten Blick den Anschein hat. Dass z. B. bereits Neugeborene über *Nachahmungsfähigkeiten* (→ Kap. 4.2.4) verfügen, ist nur eine der interessanten Erkenntnisse aus entwicklungspsychologischen Forschungen.

Aufbau einer tiefen Bindung (Bonding)

Unmittelbar nach der Geburt sind Säuglinge häufig für eine längere Phase, manchmal bis zu einer Stunde, besonders wach und ansprechbar. Es liegt nahe, dass diese Phase, die biologisch angelegt zu sein scheint, besonders bedeutsam ist für die Ausbildung einer tiefen gefühlsmäßigen Bindung der Eltern an ihr Kind (engl. *Bonding*). Zum Gegenstand wissenschaftlicher Forschung wurde dieses Phänomen allerdings erst in jüngerer Zeit gemacht (z. B. Klaus & Kennell 1987). Heute geht man davon aus, dass es sich dabei um eine *sensible Phase* (→ Kap. 2.5.3) handelt, die grundlegend ist für die Prägung dieser tiefen Bindung. Empfohlen wird deshalb, dass die Mutter und der Vater während dieser Wachphase engen körperlichen Kontakt zum Neugeborenen halten, es streicheln und auf seine Augen- und Körperbewegungen einfühlsam eingehen. Dadurch wird, so nehmen viele Fachleute an, das grundlegende Fundament für eine wechselseitige positive Bindung *(Attachment)* geschaffen, vorausgesetzt, es folgen in den Tagen und Wochen danach viele weitere erfolgreiche Interaktionen zwischen Eltern und Kind.

Apgar-Test

Direkt nach der Entbindung und dann noch einmal nach fünf und nach zehn Minuten, wird vom Arzt, der Säuglingsschwester oder der Hebamme der körperliche Zustand des Neugeborenen überprüft. Dies geschieht mit Hilfe des so genannten **Apgar-Tests** (→ Tab. 2), benannt nach der amerikanischen Kinderärztin Virginia Apgar. In dieser Erstuntersuchung (U 1) werden Herzschlag, Atmung, Reflexe, Hautfarbe und Muskeltonus auf einer dreistufigen Skala (0 Punkte = nicht vorhanden; 1 Punkt = schwach vorhanden; 2 Punkte = normal) eingeschätzt. Die meisten gesund und normal geborenen Babys erreichen spätestens beim dritten Test die maximale Punktzahl 10.

Untersuchungs-bereich	0 Punkte	1 Punkt	2 Punkte
Herzschlag/ Pulsfrequenz	Nicht vorhanden	Weniger als 100 Schläge pro Minute	Mehr als 100–140 Schläge pro Minute
Atmung	60 sec keine Atmung	Langsam, unregel-mäßig	Regelmäßig (Schreien)
Reflexe	Keine	Schwach	Husten, Niesen
Hautfarbe	Blass	Rosig, blaue Extremitäten	Rosig
Muskeltonus	Schlaff	Träge, schwache Bewegungen	Spontane Bewegungen

Tab. 2: Punktewertung beim Apgar-Test

4.1 Sinnesrepertoire des Neugeborenen

Das Sinnesrepertoire eines Neugeborenen entwickelt sich schon in der Fötalzeit (→ Kap. 3.1). Wenn es auf die Welt kommt, kann es sich mit Hilfe seiner Nahsinne (→ Kap. 4.1.1) und Fernsinne (→ Kap. 4.1.2) bereits grundlegend orientieren.

4.1.1 Nahsinne

Die **Nahsinne** des Neugeborenen, das sind Geruchssinn, Geschmackssinn und Haut- bzw. Tastsinn, sind besonders weit entwickelt. Man nennt sie auch die niederen Sinne.

Geruchssinn

Das Neugeborene kann zwischen angenehmen und unangenehmen Gerüchen unterscheiden, beim Riechen von aromatischen Düften zeigt es einen heiteren Gesichtsausdruck, beim Riechen von faulen Eiern verzieht es das Gesicht. Nach ein paar Tagen erkennt es den Geruch der Brust seiner Mutter und wenig später sogar beide Eltern am Körpergeruch.

Geschmackssinn

Schon wenige Stunden nach der Geburt ist das Neugeborene in der Lage, zwischen den vier Hauptgeschmacksrichtungen süß, sauer, salzig und bitter zu unterscheiden. Herausgefunden wurde auch, dass es am Fläschchen intensiver und schneller saugt, wenn es süße Flüssigkeit enthält. Die Vorlieben für die anderen Geschmacksrichtungen wandeln sich noch in den nächsten Lebensmonaten; ein salziger Geschmack wird z. B. erst vom fünften Lebensmonat an akzeptiert. Nachgewiesen wurden auch Zusammenhänge zwischen in frühester Kindheit erworbenen Geschmackspräferenzen und der Bevorzugung entsprechender Geschmacksrichtungen in späteren Entwicklungsabschnitten.

Hautsinn

Der Hautsinn reagiert bereits unmittelbar nach der Geburt sensibel auf Umwelteinflüsse wie Wärme und Kälte, insbesondere aber auf Berührungen aller Art. Das belegen eindeutige Befunde. Der

Säugling liebt es gestreichelt zu werden, insbesondere in den Phasen, in denen er entspannt und aufmerksam ist. Seine angeborene Empfänglichkeit für Haut- und Körperkontakt bildet eine wichtige Voraussetzung für das *Bonding* (→ Kap. 4), darauf aufbauend kann sich eine sichere Bindung zwischen dem Säugling und seinen Bezugspersonen entwickeln. Ohne passives Fühlen und aktives Berühren würden sich keine engen emotionalen Beziehungen ausbilden. Durch Berührungen können darüber hinaus die angeborenen Reflexe ausgelöst werden, z. B. der Greif-

Liebevoller Körperkontakt ist entscheidend für das Bonding.

reflex durch Streicheln der Innenflächen von Händen und Füßen oder der Schreitreflex durch leichtes Aufsetzen der Füße auf einer Unterlage.

4.1.2 Fernsinne

Hören

Erste Reaktionen auf akustische Eindrücke wurden bereits beim Fötus im fünften Schwangerschaftsmonat nachgewiesen. Nach Darbietung eines lauten Geräusches war in der Ultraschallaufnahme ein Lidschlagreflex beim Fötus zu beobachten. Neugeborene erkennen die Stimme ihrer Mutter wieder, besonders wenn sie ihnen mit Hilfe elektronischer Filter so dargeboten wird, wie sie sie im Mutterleib gehört haben. Nach wenigen Tagen können sie sogar zwischen der Stimme ihres Vaters und anderen Männerstimmen unterscheiden. Noch erstaunlicher ist, dass sie dann auch bereits in der Lage sind, eine kurze Geschichte wieder zu erkennen, die ihnen in den letzten sechs Wochen vor der Geburt regelmäßig vorgelesen wurde. Jedenfalls zeigen sie dies durch schnelleres oder langsameres Saugen an. Ihr Saugen bleibt unverändert, wenn ihnen eine unbekannte Geschichte zu Gehör gebracht wird. Es lässt sich auch belegen, dass sich Neugeborene sprachlichen Lauten generell stärker zuwenden als anderen Klangmustern, die für sie anscheinend weniger interessant sind. Die Schlussfolgerung liegt nahe, dass eine Vorliebe für sprachliche Laute oder zumindest für den entsprechenden Frequenzbereich schon intrauterin erworben wird und möglicherweise sogar genetische Wurzeln hat.

Die bekannte Kleinkindforscherin Mechthild Papousek (1994) geht davon aus, dass die anatomischen und neurophysiologischen Voraussetzungen für die angemessene Aufnahme und Verarbeitung sprachlicher Reize über das rechte Ohr und die linke Hirnhemisphäre bereits im Uterus angelegt werden und unmittelbar nach der Geburt funktionstüchtig sind. Viele Sprachentwicklungsforscher sind sogar der Ansicht, dass Säuglinge über angeborene Verarbeitungsmechanismen verfügen, die es ihnen ermöglichen, sprachliche Laute zu verstehen und zu erlernen. Mit dieser Annahme wird auch die enorme Geschwindigkeit des Spracherwerbs verständlich gemacht. Erwähnenswert ist auch, dass das Richtungshören unmittelbar nach der Geburt schon funktionsfähig ist: Neugeborene wenden regelmäßig den Blick zur Geräuschquelle hin.

Sehen

Das Sehvermögen von Neugeborenen beschränkt sich auf Vorgänge, die sich in ihrem Nahbereich abspielen. Sie können Objekte in einer Entfernung von etwa 20–25 cm scharf sehen. Sie sind in der Lage, zwischen einer Figur und deren Hintergrund zu unterscheiden, das können z. B. ein paar dünne Striche auf einer hellgrauen Platte sein. Dabei bevorzugen sie Figuren mit deutlichen Konturen gegenüber ungemusterten Reizkonfigurationen. Objekte, die sich bewegen, z. B. den Mund der Mutter, erkennen sie besser als unbewegte Dinge. Sie können bereits mit den Augen und dem Kopf einem interessanten Wahrnehmungsobjekt folgen. Gesichter und gesichtsähnliche Formen fixieren sie besonders lange und auch Farben können sie schon unterscheiden. Ihre Seh-Erfahrungen sind jedoch noch auf ein enges Umfeld beschränkt, was wahrscheinlich darauf zurückzuführen ist, dass die Sehzellen und Muskeln ihrer Augen noch nicht vollständig ausgereift sind. Deswegen fällt es ihnen auch schwer, Dinge mit beiden Augen zu fixieren und Objekte wahrzunehmen, die sich seitlich von ihnen befinden. Strittig ist bis heute, ob das Entfernungs- und Tiefensehen gelernt wird oder ob es aufgrund der Reifung des Nervensystems und der Sehbahnen von sich aus entsteht. Der aktuelle Forschungsstand untermauert aber, dass Neugeborene und wenige Tage alte Babys noch nicht räumlich wahrnehmen können.

4.2 Verhaltensrepertoire des Neugeborenen

Die beachtlichen Fähigkeiten, über die das Neugeborene bereits verfügt, dienen physischen Funktionen wie der Nahrungsaufnahme (→ Kap. 4.2.3) und dem Wechsel von Schlaf- und Wachphasen (→ Kap. 4.2.2). Darüber hinaus erfüllen sie die Aufgabe, die Mutter oder eine andere fürsorgliche Person an sich zu binden. Deswegen zeigen Kinder von Geburt an Interesse für Gesichter und sprachliche Laute, können mimische Gesten nachahmen, lassen sich besänftigen, mögen Körperkontakt und sind anschmiegsam (→ Kap. 4.2.4–5). Motorisch werden angeborene Reflexe nach und nach von zufälligen und schließlich von zielgerichteten Bewegungen überlagert (→ Kap. 4.2.1).

4.2.1 Motorische Verhaltensmuster

Das Neugeborene befindet sich, was seine motorische Reife betrifft, sozusagen noch im fötalen Zustand. Arme und Beine sind noch recht schwach, der Kopf dagegen fast unverhältnismäßig groß. Erst nach ungefähr zwei bis drei Monaten verliert die Motorik diesen fötalen Charakter.

Anthropologen und Evolutionsbiologen erklären die geringe motorische Reife menschlicher Neugeborener folgendermaßen: Im Laufe der stammesgeschichtlichen Entwicklung ist das Gehirn des Menschen immer größer geworden und sein Kopfumfang entsprechend gewachsen. Bereits im Uterus wächst das Gehirn sehr stark, so dass die Gefahr von Geburtskomplikationen bzw. der unzureichenden Sauerstoffversorgung gedroht hätte, wenn die *Gestationszeit* (Tragezeit) nicht verkürzt worden wäre. So kommt das Kind mit einem relativ großen und schweren Kopf und einem weitgehend funktionsfähigen Gehirn, aber mit motorisch noch recht schwachen Beinchen und Ärmchen auf die Welt.

Typisch für das neugeborene Kind ist die geschlossene Körperhaltung. Seine Gelenke sind gekrümmt, Arme und Beine angezogen und die kleinen Fäuste geballt. Dieser geschlossene Körper bleibt erhalten, auch wenn das Kind vom Bauch auf den Rücken gedreht wird oder umgekehrt. In Bauch- und Rückenlage wird das Köpfchen meist zur Seite gedreht. Manche Neugeborene schaffen es schon, in Bauchlage den Kopf ein wenig anzuheben. Der Kopf kann aber generell noch nicht gehalten werden, was sich z. B. zeigt, wenn der Säugling aus der Rückenlage hochgenommen und sitzend gehalten wird. Sein Rücken rundet sich dann, er sackt sozusagen in sich zusammen und der Kopf sinkt nach vorn.

Drei Arten von **motorischen Verhaltensmustern** können bei Neugeborenen unterschieden werden.

- **Angeborene Reflexe:** Das sind unwillkürliche motorische Reaktionen auf bestimmte Reize. Lebenswichtig sind z. B. der Atem, Schluck- und Saugreflex.
- **Zufällige, ungerichtete Bewegungen (Strampeln):** Das Zustandekommen dieser Strampelbewegungen kann unterschiedlich interpretiert werden, z. B. als Ausdruck von Behagen oder Unbehagen oder als Auswirkung spontaner zentralnervöser Aktivität in bestimmten Hirnregionen. Schon nach wenigen Tagen werden diese Spontanbewegungen vielfältiger und voneinander abgehobener. Die amerikanische Psychologin Esther Thelen (1995) konnte bei wenigen Wochen alten Säuglingen 47 verschiedene Bewegungstypen mit jeweils charakteristischer Zeitstruktur beobachten, z. B. sich drehen, kratzen, reiben, rubbeln, schieben, schlagen, schaukeln, schwingen, stoßen, sich winden, winken.
- **Zielstrebige, gerichtete Bewegungen:** Diese Bewegungen bauen teilweise auf Reflexen auf, überlagern sie aber und formen sie um. Am frühesten sind Bewegungen im Kopfbereich zu beobachten. Das Neugeborene folgt mit den Augen einem Gesicht oder prägnanten Gegenstand, es wendet langsam seinen Kopf in die Richtung einer Geräuschquelle. Besonders schnell und erfolgreich lernt es, die Mutterbrust zu finden, dabei kombiniert es seine Such- und Saugbewegungen.

Reflexe

Das Neugeborene verfügt über eine umfangreiche Bandbreite angeborener Reflexe. Viele von ihnen werden schon nach einigen Wochen oder Monaten schwächer und verschwinden schließlich ganz. Sie werden allmählich überformt und abgelöst von erlernten willkürlichen Bewegungen, die es dem Säugling ermöglichen, auf immer differenziertere Weise mit seiner Umwelt in Kontakt zu treten.

In den vergangenen Jahrzehnten wurde eine große Zahl von Reflexen neu identifiziert, dennoch ist davon auszugehen, dass immer noch einige auf ihre Entdeckung warten. Das Wissen über Reflexe wird insbesondere in der Frühgeborenenmedizin genutzt, um den Reifestand und die Funktionsfähigkeit des kindlichen Nervensystems zu ermitteln. Diagnostische Bedeutung haben vor allem der Zeitpunkt des Auftretens und die Stärke des jeweiligen Reflexes, die Gleichmäßigkeit auf jeder Körperseite und der Zeitpunkt des Abschwächens und Verlöschens. Deutliche Abweichungen von der Norm begründen meist den Verdacht auf Hirnschädigungen. Es folgen die wichtigsten Reflexe des Neugeborenen im Überblick:

- **Saugreflex:** Er wird durch Berührung der Mundregion ausgelöst; das Kind versucht sofort, an dem ihm dargebotenen Gegenstand zu saugen. Dieser Reflex wird sehr schnell verfeinert und schon in den ersten Lebenswochen mit dem Suchreflex koordiniert.
- **Suchreflex:** Er wird ausgelöst, wenn die Wange berührt wird; das Kind dreht seinen Kopf in die entsprechende Richtung. Der Suchreflex verschwindet wie der Saugreflex allmählich zwischen dem vierten und sechsten Lebensmonat und wird ersetzt durch zielgerichtetes, willkürliches Ansteuern des Milchfläschchens oder der Mutterbrust.
- **Greifreflex:** Er wird durch Berührung der Innenfläche der Hand ausgelöst; die Hand schließt sich so fest, dass sie noch bei einer Zugkraft von einem Kilogramm geschlossen bleibt. Der Greifreflex wird vom vierten Lebensmonat an schwächer und verschwindet gegen Ende des ersten Lebensjahres ganz.
- **Babinski-Reflex:** Bei Berührung der Fußsohle spreizen sich die Zehen kurz und zeigen dann einen Greifreflex, der nach seinem Entdecker Babinski-Reflex genannt wurde. Dieser Reflex bildet sich im letzten Drittel des ersten Lebensjahres zurück, wenn das Kind laufen lernt.

- **Kriechreflex:** Das auf dem Bauch liegende Kind beginnt kriechende Bewegungen auszuführen, so als wolle es wegkrabbeln, wenn auf seine Fußsohle ein sanfter Druck ausgeübt wird. Dieser Reflex ist nur ungefähr bis zum Ende des dritten Lebensmonats auslösbar.
- **Schreitreflex:** Hält man das Neugeborene in aufrechter Position und lässt einen Fuß den Boden berühren, so beginnt es zu »schreiten«. Es hebt den anderen Fuß leicht an und setzt ihn, wenn sein Körper nachgeführt wird, am ersten Fuß vorbei wieder auf. Dieser Reflex klingt schon gegen Ende des zweiten Lebensmonats ab.
- **Rückziehreflex:** Das Kind zieht seine Beinchen an, wenn ein Fuß gekitzelt wird. Dieser Reflex, zumindest das reflexartige Zurückziehen des Fußes bleibt möglicherweise lebenslang erhalten.
- **Moro-Reflex** (Umklammerungsreflex oder Schreckreaktion): Er wird ausgelöst durch Erschütterung der Liegefläche, laute Geräusche oder ruckartige Lageveränderung. Das Kind reagiert mit Strecken und Spreizen der Hände, Arme und Beine, die aber sofort wieder gebeugt und an den Körper gezogen werden, so als wolle es sich anklammern. Nach ungefähr sechs Monaten ist dieser Reflex kaum noch auszulösen.

Es hat sich als besonders günstig erwiesen, wenn der Säugling schon in den ersten Stunden nach der Geburt etwas zu saugen und zu schlucken bekommt. Dadurch wird das Zusammenspiel von Saug-, Schluck- und Atemreflex optimal angebahnt und funktioniert von da an komplikationslos. Hat ein Säugling erst deutlich später Gelegenheit zu trinken, gelingt die Koordination von Saugen, Schlucken und Atmen nicht mehr ganz so reibungslos und es dauert ein, zwei Tage bis er die Geschicklichkeit eines Säuglings erreicht, der gleich nach der Geburt trinken konnte. Entwicklungspsychologen nehmen diesen Tatbestand zum Anlass, darauf hinzuweisen, dass sogar Reflexe einer frühen Übung bedürfen, um sich optimal an die Bedingungen der Umwelt anzupassen, obwohl es sich dabei um angeborene, durch Schlüsselreize auslösbare physiologische Mechanismen handelt.

4.2.2 Schlaf- und Wachphasen

Der Mensch verfügt über eine innere Uhr, die seinen Tag-Nacht-Rhythmus steuert. Auch seine Körperfunktionen und Organaktivitäten werden über zeitgebende und zeitnehmende Strukturen reguliert: Ein physiologischer Tiefpunkt wird z. B. gegen 13 Uhr erreicht, ein Optimum psychophysischen Reaktionsvermögens gegen 19 Uhr; Niere und Blase haben ihr höchstes Aktivitätsniveau zwischen 16 und 17 Uhr und die Leber ist in den Stunden nach Mitternacht am aktivsten. Das sind Erkenntnisse der *chronobiologischen Forschung*. Zu belegen ist auch, dass unsere angeborenen Zeittaktgeber und aktivitätssteuernden Zentren in Regionen des Zwischenhirns (Hypothalamus, limbisches System) angesiedelt sind. Identifiziert wurde im Hypothalamus eine Kernregion *(Nucleus suprachiasmaticus)*, die unseren Schlaf-Wach-Zyklus steuert. Alle diese Steuerzentren reifen im Laufe der frühen Kindheit erst allmählich aus und synchronisieren sich langsam mit von außen bestimmten Einflüssen wie Stillen, Füttern, Wickeln, Baden, anregenden Interaktionen mit den Eltern, Ins-Bettchen-Gelegt-Werden usw. Dass im kindlichen Organismus ein Tag-Nacht-Generator angelegt ist, der seine Aktivitäts- und Ruhezyklen reguliert, belegt z. B. die Erfahrung, dass Frühgeborene in Intensivstationen besser gedeihen, wenn ihnen durch entsprechende Beleuchtung und Abdunkelung klare Tag- und Nacht-Phasen vorgegeben werden.

Mutter und Vater, als zentrale Bezugspersonen in den ersten Lebenstagen und -wochen, spielen bei der Einübung von Wach- und Ruhezyklen eine entscheidende Rolle. Das wird unter anderem durch die Beobachtung untermauert, dass Säuglinge auf den Wechsel der Bezugsperson meist sehr empfindlich reagieren. Ihr gesamtes Verhaltenssystem kann vorübergehend desorganisiert sein.

Neugeborene haben noch keinen eigenen Tag-Nacht-Rhythmus und sind beim Aufbau zyklischer Phasen von Schlafen und Wachsein auf die Hilfe der Mutter bzw. der Eltern angewiesen.

Insgesamt schlafen Neugeborene ungefähr 16 bis 17 Stunden täglich, die sich auf sieben bis acht Schlafphasen gleichmäßig über Tag und Nacht hinweg verteilen. Sie folgen dabei annähernd einem Vier-Stunden-Rhythmus, in dem jeweils drei Stunden Schlaf von einer Stunde Wachsein abgelöst werden. In den kommenden Wochen und Monaten nimmt die Gesamtzahl der Schlafperioden ab, dafür verlängern sich die einzelnen Phasen des Schlafens und Wachseins.

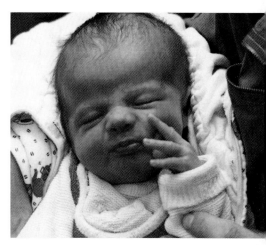

Neugeborene schlafen 16 bis 17 Stunden täglich.

4.2.3 Saugen

Das Saugen hat in der kindlichen Entwicklung mehrere verschiedene Bedeutungen, darauf verweist die Entwicklungspsychologin Hellgard Rauh (1995, S. 187 f.). Vor allem dient es einer wichtigen biologischen Funktion, nämlich der Nahrungsaufnahme. Daneben hat es aber auch eine bedeutsame psychische Funktion, es beruhigt. Steckt man schreienden, motorisch unruhigen Neugeborenen einen Schnuller in den Mund, so beginnen sie sofort zu saugen und beruhigen sich augenblicklich. Angenommen wird, dass die motorischen Reize und Berührungsempfindungen beim Saugen eine direkte neuronale Verbindung zu den entsprechenden verhaltenssteuernden Systemen im Gehirn haben.

Wenn mit dem Saugen Nahrung aufgenommen wird, entfalten sich zwei weitere Wirkungskreise – falls es sich um süße Nahrung handelt. Es wurde nämlich zum einen festgestellt, dass der süße Geschmack eine schmerzlindernde Wirkung hat; er löst im Gehirn die Produktion von *Opoiden* (Neurotransmittern) aus, welche die Schmerzschwelle erhöhen. Zum anderen haben die Verdauungsprodukte von Milch eine beruhigende Wirkung und machen schläfrig. Angenommen wird, dass die drei Wirkungskreise sich ergänzen und abgestuft und nacheinander zum Tragen kommen, abhängig davon, ob sich der Säugling im Zustand des Energieverlustes und der Erregung oder bereits im Zustand der Energieschonung und abgeklungenen Erregung befindet.

Orientierungsreaktionen beim Saugen

Sind Neugeborene gerade wach und aufnahmefähig, dann wenden sie sich neuen Außenreizen reflexartig zu und unterbrechen dabei das Saugen. Man spricht hier von einer **Orientierungsreaktion**. Sie kann kurz, aber auch länger dauern, je nachdem, wie komplex und neu der Außenreiz ist. Unmittelbar an die Orientierungsreaktion schließt sich eine Verarbeitungsphase an, während der das Saugen so lange wieder aufgenommen wird, bis der Reiz »richtig verdaut« worden ist. Dann erfolgt eine neue, meist etwas kürzere Orientierungsreaktion und Reizzuwendung, anschließend wieder eine Verarbeitung mit vermehrtem Saugen und so fort, bis sich das Neugeborene an den neuen Reiz gewöhnt hat. Den ganzen mehrphasigen Prozess nennt man **Habituierung**. Habituierungsphänomene sind bereits in den ersten Tagen nach der Geburt zu beobachten. Säuglinge sind sogar schon in der Lage, die von ihnen bevorzugte neue Reizkonfiguration – z. B. ein Bild oder eine Melodie – mit einem speziellen druckempfindlichen Schnuller sozusagen herbeizusaugen.

4.2.4 Nachahmungsfähigkeiten

Erstaunlich ist, dass anscheinend schon Neugeborene über Nachahmungsfähigkeiten verfügen. Amerikanische Forscher veröffentlichten bereits vor einem Vierteljahrhundert Befunde, die belegten, dass einfache mimische Gesten wie das Herausstrecken der Zunge, das Bewegen des Kopfes und das Öffnen des Mundes schon wenige Stunden nach der Geburt erfolgreich nachgeahmt werden. Dies geschieht jedoch nur in Phasen, während der die Säuglinge hellwach, entspannt und aufnahmefähig sind. Diese Fähigkeit scheint angeboren zu sein. Allerdings erfolgt sie nicht reflexartig, sondern ist in einen ganzheitlichen sozialen Zusammenhang eingebunden. Die Kinder reagieren nämlich auf die ihnen gezeigte mimische Geste nicht spontan oder automatisch, sondern meist erst nach intensivem Hinschauen und mehrfachem Probieren, wodurch sie sich immer besser an das Vorbild annähern.

In Experimenten von Andrew Meltzoff und Keith Moore (1985) fanden sich auch Anhaltspunkte dafür, dass die Neugeborenen zu registrieren scheinen, wenn sie selbst nachgeahmt werden. Sie schauen jedenfalls eine Person, welche die von ihnen gezeigte Mimik nachahmt, intensiver und länger an als eine Person, die eine andere Mimik zeigt. Diese früheste Form der Nachahmung hat sicher nichts gemein mit der einige Monate später zu beobachtenden kontrollierten und intendierten Nachahmung, die z. B. für das Erlernen von Sprache zentralen Stellenwert besitzt. Aber es ist wohl nicht von der Hand zu weisen, dass ihr eine soziale Bedeutung beizumessen ist, ähnlich wie dies auch für das Schreien, das Sich-Anschmiegen und das Suchen von Blickkontakt gilt.

4.2.5 Schreien

Säuglinge drücken mit ihrem Schreien aus, dass sie sich nicht wohl fühlen. Ihr Unbehagen kann verschiedene Ursachen haben wie Hunger, Schmerzen, Überreiztheit, Müdigkeit usw. Schon Neugeborene unterscheiden sich voneinander, was die Dauer und Intensität ihres Schreiens angeht. Dies kann verschiedene Ursachen haben und wird z. B. mit Persönlichkeits- bzw. Temperamentsunterschieden (→ Kap. 7.3.2) oder ethnischen Unterschieden in Verbindung gebracht. Kulturvergleichenden Studien zufolge schreien etwa indianische und japanische Neugeborene weniger als mitteleuropäische.

Interessanterweise kann Schreien sowohl Ausdruck von Unwohlsein, als auch eine Strategie zum Abführen von Spannungen und Belastungen sein. Säuglinge, die wenig belastbar und leicht reizbar sind, über keine brauchbare Strategie zum Spannungsabbau verfügen und deswegen häufig schreien, nennt man auch *Schreikinder*. Sie bereiten ihren Eltern oft große Probleme, vor allem dann, wenn diese nicht in der Lage sind, positiv auf das Kind einzuwirken und es zu beruhigen, sondern das Kind durch ihr Verhalten noch mehr aufregen und zum Schreien bringen. Schreikinder sind häufig Risikokinder, z. B. Frühgeborene, deren positive Weiterentwicklung gefährdet ist, wenn nicht frühzeitig interveniert wird.

Um die positive Entwicklung Frühgeborener zu fördern, bemüht man sich in Frühgeborenenstationen, auf die individuellen Bedürfnisse der kleinen Patienten einzugehen, gibt ihnen mehr oder weniger Stimulation und bezieht auch die Mütter und Väter mit ein. Dies erfolgt zumeist im Rahmen der »**Känguru-Me-**

thode«: Ein Elternteil hält sich jeden Tag für mehrere Stunden in der Station auf; während dieser Zeit wird ihm das Frühgeborene auf den Oberkörper gelegt, so dass ein inniger Austausch über die Nahsinne erfolgen kann. Für sehr junge Frühchen ist diese Methode in der Regel noch nicht sinnvoll; sie werden häufig auf ein Wasserbett gelegt und bekommen bei abgedunkeltem Licht von einem Tonband den Herzschlag ihrer Mutter vorgespielt.

5

Weitere Entwicklung des Säuglings im ersten Lebensjahr

Im ersten Lebensjahr entwickeln sich nicht nur die motorischen Fähigkeiten beträchtlich (→ Kap. 5.1), auch die Wahrnehmung (→ Kap. 5.2) und das Kommunikations- und Sozialverhalten (→ Kap. 5.4) verändern sich in schnellen Schritten. Besonderes Augenmerk wird in diesem Kapitel außerdem auf die Entwicklung der Objekt- und Personpermanenz gelegt (→ Kap. 5.3). Bei all diesen Entwicklungsprozessen gilt allerdings: Kein Kind ist wie das andere. Deshalb ist bei allen folgenden Zeit- und Altersangaben zu berücksichtigen, dass es Überlappungsbereiche gibt. Es handelt sich nur um grobe Rastervorgaben und auch recht deutliche Abweichungen nach oben oder unten können durchaus noch im Bereich des Normalen liegen.

Um von Entwicklungsverzögerungen oder gar -störungen sprechen zu können, müssen schon sehr markante Abweichungen vorliegen, die mehrere Funktionsbereiche umfassen. Das sollten Eltern und pädagogische Fachkräfte bedenken, bevor sie sich Sorgen machen und Ärzte oder Frühförderstellen einschalten.

5.1 Entwicklung der Motorik

Das Neugeborene verfügte noch über eine Vielzahl motorischer Reflexe. Einige von ihnen klingen schon bald wieder ab, insbesondere der Schreitreflex, der Kriechreflex und der Greifreflex (→ Kap. 4.2.1). Dadurch wird der Raum geschaffen für zielorientierteres Greifen und koordiniertere Formen des Krabbelns und der Fortbewegung. Monat für Monat sind weitere motorische Fortschritte zu beobachten. Der Säugling wird zum Krabbelkind.

Die Bewegungen werden gezielter

In den ersten vier Lebensmonaten kräftigt sich die Muskulatur des Säuglings erheblich, gleichzeitig nimmt sein Interesse an der Umwelt zu. Das sind beides wichtige Voraussetzungen dafür, dass aus zufälligen Bewegungsmustern nach und nach gezielte Bewegungen entstehen.

- **1. Lebensmonat:** Der Säugling schafft es immer besser, seine Kopfhaltung zu kontrollieren. Mancher Säugling kann in Bauch- und in Rückenlage sogar bereits seinen Kopf kurz anheben. Das ermöglicht ihm, Umweltgegebenheiten gezielt wahrzunehmen und Interesse daran zu signalisieren. Die meiste Zeit sind seine Arme und Beine dabei noch angezogen wie im Uterus und die Fäustchen geballt. An ihnen beginnt er zu saugen, sobald sie die Mundregion berühren.
- **2. Lebensmonat:** Wenn der Säugling in Sitzposition gebracht wird, kann er den Kopf schon kurz aufrecht halten. Sein Rücken ist dabei nicht mehr so stark gerundet wie in den ersten Wochen nach der Geburt, sondern beginnt sich zunehmend zu straffen. Der Säugling strampelt kräftig und bewegt dabei auch seine Arme ruckartig hin und her; Arme und Beine sind nicht mehr so stark angebeugt und die Fäustchen werden häufiger geöffnet. Er nimmt immer stärker Anteil an dem, was um ihn herum geschieht, verfolgt mit den Augen Objekte, die sich in seinem Gesichtsfeld bewegen, und blickt in die Richtung von Geräuschquellen.
- **3. Lebensmonat:** Dem Säugling gelingt es allmählich, Kopf und Schultern anzuheben, wenn er auf dem Bauch liegt. Er kann sich dabei sogar schon auf die Unterarme stützen. Wenn er auf die Seite gelegt wird, dreht er sich meist von selbst wieder auf den Rücken. In dieser Zeit werden für den Säugling die eigenen Hände und Finger immer häufiger Wahrnehmungsobjekte. Gegenstände, die ihm in die Hand gelegt werden, hält er fest und

versucht, sie in den Mund zu stecken. Eine zufällige Bewegung, durch die er etwas bewirken konnte, z. B. ein Mobile in Bewegung brachte, wiederholt er immer wieder und immer kontrollierter, so dass es berechtigt erscheint, hier schon von **Experimentierbewegungen** zu sprechen. Insgesamt ist vom dritten Lebensmonat an eine Ablösung der ruckartigen Bewegungen, vor allem der Arme und Beine, durch weichere, elegantere Bewegungen zu beobachten. Dies scheint auch damit zusammenzuhängen, dass das Kind während dieser Zeit an Kraft gewinnt, vor allem im Oberkörper.

- **4. Lebensmonat:** Das Kleinkind kann jetzt den Kopf auch aus der Rückenlage anheben und halten. In Bauchlage kann es nun deutlich länger mit aufgestützten Unterarmen Kopf und Brustkorb anheben. In sitzender Position kann es mit geradem Rücken den Kopf halten und mit dem Kopf interessante, sich bewegende Objekte verfolgen sowie Geräuschquellen nachschauen. Außerdem gelingt es ihm schon, zu »schaukeln«: Dabei liegt es auf dem Bauch, hebt Kopf, Brustkorb und Arme kurz an und streckt gleichzeitig ruckartig die Beine aus. Mit den Händen kann es nicht zu kleine und nicht zu große Gegenstände ertasten, greifen und festhalten. Zuweilen betrachtet es seine Finger und beginnt, mit ihnen zu spielen.

Das Sitzen bereitet sich vor

Um selbstständig sitzen zu können, muss der Säugling in den kommenden Monaten lernen, die Bewegungen von Armen, Beinen, Becken und Schultern zu koordinieren. Außerdem werden Gegenstände der Umwelt immer interessanter und entsprechend beschäftigt sich der Säugling mit ihnen zunehmend zielorientierter.

- **5. Lebensmonat:** Das Kind richtet sich aus der Bauchlage noch ein ganzes Stück weiter auf und nimmt dabei Hände und Unterarme zu Hilfe. Vielen Kindern gelingt das sogar mit nur einem Arm und einer Hand. Dabei kann es passieren, dass sie das Gleichgewicht verlieren und unfreiwillig auf den Rücken rollen. Es kommt vor, dass das Kleinkind einen Gegenstand, den es ergriffen hat, sorgfältig betrachtet und anschließend zum Mund führt. Personen, die sich in seinem Blickfeld bewegen, beobachtet es und ändert dabei seine Blick- und Kopfrichtung.

- **6. Lebensmonat:** Mit Unterstützung kann das Kleinkind schon sitzen und sich mit Hilfe der Hände aus der Bauchlage aufrichten, so dass der ganze Brustkorb von der Unterlage abhebt. Das gelingt ihm immer länger und dann auch mit nur einer Hand, wenn es mit der anderen nach einem Gegenstand greift. Wenn sich dieser außerhalb seiner Reichweite befindet, versucht es, meist mit geringem Erfolg, sich vorwärts zu bewegen. Nach Gegenständen kann es nun bereits zielgerichtet mit einer Hand greifen und sie eingehend betrachten und untersuchen, dabei nimmt es gern die andere Hand und den Mund zu Hilfe. Versucht man, ihm einen bereits ergriffenen Gegenstand wieder wegzunehmen, so wehrt es sich, hält ihn weiter fest und beginnt sogar zu schreien, wenn ihm der Gegenstand gegen seinen Widerstand weggenommen wird.

- **7. Lebensmonat:** Dem Kind gelingt es, sich vom Bauch auf den Rücken zu drehen. Wenn es umgekehrt versucht, von der Rücken- in die Bauchlage zu kommen, schafft es dies meist nur bis zur Seitenlage. Zur Ausführung solcher Drehungen des ganzen Körpers müssen Becken und Schultern sowie Beine und Arme koordiniert nacheinander bewegt werden. Wenn das Kind diese sehr komplexe Drehbewegung beherrscht, kann es seine

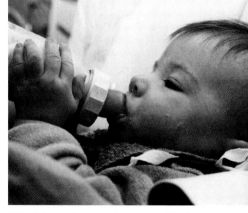

Mit sieben Monaten kann das Kind schon alleine aus dem Fläschchen trinken.

Körperlage jederzeit verändern und ist damit vorbereitet, das Sitzen und Krabbeln zu lernen. In diesem Alter entdeckt das Kind auch seine Füße; es ergreift sie und spielt mit ihnen. Es kann jetzt mit jeder Hand einen Gegenstand ergreifen, auch einen Gegenstand von der einen Hand in die andere wechseln lassen. Vergnügen bereitet es ihm, mit einem Gegenstand auf seine Unterlage zu schlagen. Hält man es unter den Armen aufrecht hoch, so geht es gern in die Hocke und stößt sich dann vom Boden durch Streckung der Beine kräftig ab.

Vom Sitzen zum Krabbeln

Das Kind lernt nun sitzen und stehen, aber damit begnügt es sich nicht lange, denn sein Fortbewegungsdrang wird erheblich. Robbend und krabbelnd erkundet es fortan seine Umwelt.

- **8. Lebensmonat:** Jetzt kann das Kleinkind schon für kurze Zeit frei sitzen. Es fängt auch an, sich aus der Bauchlage heraus fortzubewegen; dabei sind aber die Bein- und Armbewegungen noch nicht gut koordiniert. Auf dem Rücken liegend greift es die hilfreich angebotene Hand schon so fest, dass es zum Sitzen und auch in die stehende Position gebracht werden kann. Wenn es einmal steht, braucht es nur noch wenig Unterstützung, um die Balance halten zu können. Es versucht sogar schon, einen Fuß vor den anderen zu setzen, wenn es dabei gehalten wird. Gegenstände kann es jetzt mit den Fingerspitzen ergreifen und festhalten. Sofern sie attraktiv sind, kann es sich lang und intensiv damit beschäftigen.
- **9. Lebensmonat:** Das Kleinkind kann schon einige Minuten lang frei sitzen, sich dabei sogar etwas nach vorne beugen, um ein Spielzeug zu ergreifen, nur zur Seite noch nicht, da fällt es dann meist um. Dafür gelingt es ihm aber bereits, sich z. B. an einem Tischbein in den Stand hochzuziehen und stehen zu bleiben. Wenn es gehalten wird, steht es fest auf beiden Beinen und

bewegt sich mit Unterstützung auch schon ein paar Schritte vorwärts. Aus der Bauchlage heraus bewegt es sich mit Hilfe der Beine und Arme nach vorn. Da die Bewegungen noch recht unkoordiniert erfolgen, bleibt es oft beim Robben, das heißt, die Arme werden vorangesetzt und Körper und Beine nachgezogen.

- **10. Lebensmonat:** Das Krabbeln bereitet sich vor: Aus der Bauchlage heraus werden Arme und Beine vorwärts bewegt und der Körper wird dabei schon etwas angehoben. Die Kinder können sich jetzt ohne Hilfe von der Bauchlage in die Sitzposition bewegen und mit gestrecktem Rücken und ausgestreckten Beinen stabil sitzen bleiben. Dabei können sie sich sogar schon mit einem Spielzeug beschäftigen. Kleine Spielgegenstände greift das Kind im »Pinzettengriff«, d. h. mit gespreiztem

Mit neun Monaten ist das Kind in der Lage, längere Zeit frei zu sitzen.

Zeigefinger und Daumen. Es kann zwei Gegenstände, von denen es einen mit der rechten, den anderen mit der linken Hand ergriffen hat, koordiniert aufeinander zu bewegen oder auch einen Gegenstand wegwerfen. Die Wurfbewegung erfolgt aber nicht gezielt, weil es die dazu erforderliche Koordination von Arm- und Handbewegung noch nicht beherrscht.

- **11. Lebensmonat:** Jetzt lernen die meisten Kinder richtig krabbeln. Sie heben den Oberkörper dabei an und bewegen Arme und Beine im rhythmischen Wechsel, d. h. gleichzeitig den linken Arm und das rechte Bein und anschließend den rechten Arm und das linke Bein. Das Kind kann sich jetzt selbst an geeigneten Möbeln hochziehen; wenn es steht, kann es sogar einen Fuß anheben, ohne das Gleichgewicht zu verlieren und hinzufallen. Wenig später bewegt es sich dann vorwärts, z. B. seitlich an Möbeln entlang. Wenn es an beiden Händen gehalten wird, macht es von sich aus Schritte nach vorn. Manche Kinder krabbeln ausgiebig auch dann noch, wenn sie schon frei laufen können. Andere krabbeln nur eine kurze Zeit und wieder andere krabbeln gar nicht und kommen vom Robben gleich zum Laufen. Auch seine Greiftechniken verfeinert das Kind in dieser Zeit immer weiter: Kleine Gegenstände nimmt es nun mit dem »Zangengriff« auf, mit gekrümmtem Zeigefinger und Daumen so wie ein Erwachsener.

- **12. Lebensmonat:** In der Regel können Kleinkinder nun mit Unterstützung gehen. Das klappt sogar schon, wenn ihnen nur eine Hand gegeben wird. Einige Kinder bevorzugen in diesem Alter, sich durch Rutschen auf dem Hosenboden fortzubewegen, wenn ihnen keine Hilfe angeboten wird. Ihre Greifbewegungen sind jetzt so geschickt, dass sie hoch genommene Gegenstände weiterreichen oder in kleine Behälter befördern können. Außerdem sind sie jetzt auch in der Lage, Mittel und Werkzeuge einzusetzen, um an gewünschte Objekte heranzukommen. Sie ziehen an einer Schnur, einer Decke oder am Tischtuch, um einen Gegenstand zu erreichen oder verwenden einen Stock, um ihn heranzuholen.

Säuglinge sind auch Traglinge

Wenn Säuglinge unter den Armen hochgehoben werden, reagieren sie mit der Spreiz-Anhock-Position, d. h. sie winkeln die Beine beidseitig im Kniegelenk an und spreizen sie gleichzeitig etwas auseinander. Hier, so vermuten Evolutionsbiologen, äußert sich ein archaischer Reflex: Säuglinge nehmen dadurch die ideale Position ein, um auf der Hüfte ihrer Mutter sicheren Halt zu finden und über längere Strecken getragen zu werden. Auch aus Sicht von Vertretern der modernen Entwicklungspsychologie und Frühpädagogik spricht einiges dafür, dieses anscheinend genetisch verankerte Verhalten des Säuglings aufzugreifen und ihn, wann immer sich dazu die Gelegenheit bietet, am Körper zu tragen, möglicherweise unterstützt durch ein entsprechendes Tuch. Auch den anatomischen Gegebenheiten des Säuglings entspricht es, im seitlichen Hüftsitz getragen zu werden, oder auch vor dem Oberkörper des Tragenden. Sein Rücken muss dabei allerdings ausreichend gestützt werden. In diesen Tragehaltungen erfährt der Säugling über alle fünf Sinne die für ihn optimale Interaktion mit der Außenwelt und der ihn tragenden Bezugsperson, gleichgültig, in welcher Wachphase er sich gerade befindet. Er nimmt die Bewegung des Tragenden war, das stimuliert seinen Gleichgewichtssinn und wirkt beruhigend. Der permanente Hautkontakt fördert nicht nur das Körperbewusstsein des Säuglings und seine Sensibilität für taktile Reize, sondern schafft auch Nähe und Vertrauen und trägt zum Aufbau einer sicheren Bindung zwischen ihm und seiner Bezugsperson bei. Ähnliches gilt für die Stimulation der beiden anderen Nahsinne, Geruch und Geschmack.

Wenn der Säugling wach und aufnahmefähig ist, kann er auch mit seinen Fernsinnen, d. h. visuell und auditiv, mit der tragenden Bezugsperson und der übrigen Umwelt Kontakt aufnehmen. Dabei kann er selbst die Art und den Umfang der Kommunikation mitbestimmen und steuern. Wenn ihm etwas Unbehagen oder Angst einflößt, kann er den Blick von der Außenwelt abwenden und am Körper und im Blickkontakt mit der Bezugsperson Schutz suchen, deren Mimik und sonstige Reaktionen er dadurch immer besser zu verstehen lernt. Auch der auditive Wahrnehmungskanal, das Gehör, wird stimuliert. So wurde dokumentiert, dass die besänftigende Stimme vertrauter Personen und auch die Herztöne der Mutter eine beruhigende Wirkung auf den Säugling ausüben (vgl. dazu z. B. Kirkilionis 1997).

Man kann also festhalten: Säuglinge sind von ihrer genetischen Ausstattung her auch Traglinge. Sie von klein auf regelmäßig und auch für längere Zeit am Körper zu tragen, regt sie ganzheitlich und auf vielfältige Weise an und fördert die Integration ihrer Sinne, d. h. die Strukturierung, Ordnung und Verbindung der von ihnen über die verschiedenen Sinneskanäle wahrgenommenen Reize. Gerade die ganzheitliche Form der Anregung trägt dazu bei, dass sich die Sinnesorgane und die entsprechenden Gehirnareale optimal entwickeln.

5.2 Entwicklung der visuellen Wahrnehmung

Wie im letzten Kapitel am Beispiel der motorischen Entwicklung zu sehen war, werden im Laufe der ersten Lebensmonate fötale Verhaltensmuster durch reifere kleinkindliche Bewegungen abgelöst. Während die fötalen Muster vor allem durch Stammhirnregionen gesteuert wurden, kommt fortan das Großhirn mehr und mehr zum Einsatz. Dieses wächst und differenziert sich nun beträchtlich weiter aus. Gleiches gilt auch für die Sinnesorgane, insbesondere für Augen und Ohren, deren Sinneszellen immer funktionstüchtiger und damit leistungsfähiger werden.

Am Beispiel der visuellen Wahrnehmung wird diese Entwicklung im Folgenden genauer beschrieben. Dabei lassen sich folgende Bereiche voneinander abheben: *Helligkeit, Form, Farbe, Bewegung, Entfernung und Konstanz* (→ Kap. 5.2.1–4). Diese Bereiche der visuellen Wahrnehmung wurden von der Forschung separat untersucht, weil sie von verschiedenen Hirnregionen reguliert werden, die wiederum zu unterschiedlichen Zeitpunkten Funktionstüchtigkeit erlangen. Dass auch das *Greifen* eine wichtige Rolle für die visuelle Wahrnehmung spielen kann, wird im letzten Teil dieses Kapitels erläutert (→ Kap. 5.2.5).

Steuerung von Wahrnehmungsprozessen im Gehirn

Die Wahrnehmungsprozesse von Neugeborenen werden vermutlich vorwiegend von *subkortikalen* (unterhalb der Großhirnrinde liegenden) Hirnarealen gesteuert. Erst im Laufe des zweiten und dritten Lebensmonats nimmt ihre Fähigkeit, Formen differenzierter wahrzunehmen, merklich zu. Dieser Kompetenzgewinn wird zum einen dadurch ermöglicht, dass *kortikale* Regionen die Wahrnehmung immer stärker dominieren, und zum anderen dadurch, dass die Sehschärfe und Empfindlichkeit für Kontraste durch Reifung der Augen deutlich zunehmen. Es gibt auch Anhaltspunkte dafür, dass die rechte

Großhirnhemisphäre, die unter anderem für die Wahrnehmung der Gestalt von Formen und die Orientierung im Raum zuständig ist, zu einem etwas früheren Zeitpunkt Steuerungsaufgaben erfüllt als die linke Hemisphäre, in der die Details der wahrgenommenen Formen ausdifferenziert werden.

5.2.1 Helligkeitssehen und Formwahrnehmung

Erstaunliche Fortschritte macht das Neugeborene während der ersten Lebensmonate im Hinblick auf die Fähigkeit, verschiedene Helligkeitsstufen zu differenzieren. Schon gegen Ende des zweiten Lebensmonats hat es darin ein Niveau erreicht, das dem Erwachsener kaum noch nachsteht. Diese **Unterscheidung von Helligkeitsstufen** bildet eine Voraussetzung für die spätere Wahrnehmung von Kontrasten und Formen.

Schon Neugeborene bevorzugen in ihrer Wahrnehmung Gesichter und gesichtsähnliche Formen. Viele Forscher sind der Meinung, es könne sich hierbei um einen genetisch gesteuerten Mechanismus handeln, der es – biologisch höchst sinnvoll – Säuglingen ermöglicht, sich Artgenossen bevorzugt zuzuwenden. Wesentlich ist, dass sie in den ersten Lebenswochen Gesichter und andere Formen noch ohne Details wahrnehmen. Selbst bei einem optimalen Abstand von etwa 20 Zentimetern sehen sie nur äußerst unscharf. Die Sehschärfe erreicht dabei etwa 25 Prozent der eines Erwachsenen.

Die Aufmerksamkeit Neugeborener richtet sich aber nicht nur auf Gesichter, sondern auch auf andere **Formen**. Dabei sind konturenreiche Formen, z. B. Sterne, für sie attraktiver als konturenarme wie Kreise oder Dreiecke. Senkrecht angeordnete Formen sind interessanter als horizontal dargebotene. In den ersten Lebenswochen spielt vor allem die Größe der Formen eine Rolle. Große Formen werden bevorzugt, nach einem Monat gewinnt auch die Zahl und Anordnung der Formen immer mehr an Bedeutung.

Gegen Ende des zweiten Lebensmonats ist eine markante Veränderung zu beobachten: Die Kinder richten ihr Augenmerk jetzt immer häufiger auch auf die inneren Merkmale der Form: Gesichter, die vorher meist nur oben am Haaransatz oder unten am Kinn fixiert wurden, werden jetzt auch in der Mitte länger betrachtet, wo Augen, Nase und Mund liegen. Mit ungefähr sechs Monaten sind sie schon in der Lage, manche Formen wieder zu erkennen, auch wenn diese in anderer Position dargeboten werden. Es dauert aber noch wesentlich länger, zum Teil bis in die Vorschul- oder Schulzeit hinein, bis sie Original und Spiegelbild von einfachen Formen (wie **b** und **d** oder **p** und **q**) unterscheiden können. Auch die Spiegelbilder komplexerer Formen stellen dann bald keine Schwierigkeit mehr da.

5.2.2 Farbwahrnehmung und Bewegungssehen

Zur Entwicklung der **Farbwahrnehmung** liegen erstaunlich wenig Forschungsergebnisse vor. Sicher ist lediglich, dass Säuglinge bereits im Alter von ungefähr zwei Monaten die Farben Rot, Grün und Blau von der Farbe Weiß unterscheiden können. Mit Farbnuancen im Bereich der Spektralfarben Gelb-Grün und Purpur ist ihnen das noch nicht möglich. Ein bis zwei Monate später schaffen sie dann auch die Differenzierungen in diesen Farbbereichen, so dass man davon ausgehen kann, dass sie bereits in diesem Alter das gesamte Spektrum der Farben wahrnehmen. Ein anderes Thema ist das Erlernen der richtigen Farbnamen, das teilweise Kindergartenkindern noch Schwierigkeiten bereitet.

Fast ebenso schnell wie die Farbwahrnehmung entwickelt sich das **Bewegungssehen**. Säuglinge können schon wenige Tage nach der

Geburt einem Gesicht, das sich in ihrem Blickfeld bewegt, eine kleine Strecke mit den Augen folgen. Ihr Blickfeld ist aber noch sehr begrenzt und es dauert einige Wochen, bis es sich auf ca. 90 Grad erweitert. Mit ungefähr drei Monaten können sie dann einem bewegten Objekt nicht nur mit dem Blick folgen, sondern dessen Bewegungsrichtung sogar schon ein kleines Stück vorwegnehmen, also sozusagen vorausschauen. Das gelingt ihnen besonders gut, wenn es sich um ein vertrautes Objekt und eine vertraute Bewegung handelt; ein Beleg dafür, dass jetzt immer stärker auch Erfahrungswerte in der Wahrnehmung eine Rolle spielen. Sie beachten nun auch Gegenstände, die sich am Rande ihres Blickfeldes bewegen und interessieren sich für die Bewegungen ihrer Beine, Arme und Finger. Es ist jedoch noch ein weiter Weg, bis sie es schaffen, Objekte zu ergreifen oder aufzufangen, deren Bewegungsbahn ihnen nicht vertraut ist. Das gelingt teilweise erst im Kindergarten- und Schulalter.

5.2.3 Räumliches Sehen und Entfernungssehen

Wieso können wir **räumlich bzw. dreidimensional sehen**, obwohl auf der Netzhaut unserer Augen nur zweidimensionale Bilder entstehen und weiterverarbeitet werden? Mit dieser Frage haben sich Wissenschaftler aus Sinnesphysiologie und Wahrnehmungspsychologie jahrzehntelang beschäftigt und auch heute noch werden immer wieder interessante Forschungsergebnisse veröffentlicht. Die Kontroverse, ob unsere Fähigkeit, räumlich zu sehen, angeboren ist oder im Laufe der frühen Kindheit erlernt wird, ist mittlerweile ausgestanden und einem Kompromiss gewichen. Man geht heute davon aus, dass einige grundlegende Komponenten des Raumsehens angeboren sind, und begründet dies mit dem Verweis auf die Tatsache, dass Kleinkinder mit geradezu erstaunlicher Geschwindigkeit alle Feinheiten des dreidimensionalen Sehens in sehr kurzer Zeit erlernen. Der empirische Beweis dafür, dass bereits Neugeborene räumlich wahrnehmen können, wurde aber bis heute nicht erbracht. Mit Hilfe einer einfallsreichen Versuchsanordnung und experimenteller Technik, dem so genannten **Looming**, war es jedoch möglich zu zeigen, dass vier Wochen alte Säuglinge schon räumlich sehen (vgl. Wilkening & Krist 1995, S. 395–417). Dass die kognitive Verarbeitung dieser räumlicher Wahrnehmung von Erfahrungs- und Lernprozessen abhängt, zeigte das Experiment **»visuelle Klippe«**.

Looming-Experiment

Wenn sich etwas sehr schnell auf uns zu bewegt, vergrößert sich das Bild dieses Objektes auf unserer Netzhaut rapide. Es stellt sich die Frage, ob diese Information schon von Neugeborenen zur Distanzeinschätzung genutzt werden kann. Im **Looming-Experiment** wurde die Objektannäherung simuliert durch eine Leinwand in der Mitte des Blickfelds des Kindes, auf der sich ein weißes Quadrat sehr schnell vergrößerte. Gezeigt werden konnte, dass vier Wochen alte Säuglinge bereits auf die scheinbar schnelle Annäherung des Objektes mit Erschrecken und Abwehr reagieren. Sie schließen die Augen und werfen den Kopf in den Nacken. Die Kleinen sind also schon in der Lage, *kinetische Hinweiszeichen*, d. h. Informationen über Bewegung, angemessen zu verarbeiten. Wenn die Leinwand etwas seitlich von ihnen aufgebaut wird, so dass sich das schnell annähernde Objekt nicht mehr auf direktem Kollisionskurs befindet, lassen sich keine Abwehrreaktionen feststellen. Bei zu früh geborenen Babys dauert es bis zum dritten oder vierten Lebensmonat, also länger als bei anderen Kindern, bis es in diesem Experiment zu Schreck- und Abwehrreaktionen kommt. Diese Tatsache lässt die Vermutung berechtigt erscheinen, dass Reifungsfaktoren, die z. B. auch an der Verbesserung der Sehschärfe beteiligt sind, bei der Entwicklung des Tiefensehens eine Rolle spielen.

Visuelle Klippe

Ein weiteres, in Fachkreisen bekannt gewordenes Experiment, die **visuelle Klippe**, wurde erstmals 1960 von Eleanor Gibson und Richard Walk mit Krabbelkindern durchgeführt. Die Kinder wurden auf einen Tisch mit Glasplatte gesetzt, die zur Hälfte mit einem Schachbrettmuster abgedeckt war. Auf der anderen durchsichtigen Seite setzte sich das Muster am Fußboden fort. Auf dieser Tischseite stand auch die Mutter und forderte das Kind auf, von der »sicheren« Seite zu ihr herüberzukrabbeln. Alle Kinder, mit denen dieser Versuch gemacht wurde, hielten an, sobald sie sich dem scheinbaren Abgrund näherten. Bei zwei Monate alten Kindern, die über die Glasplatte mit dem Gesicht nach unten gehalten wurden, senkte sich die Herzfrequenz, sobald sie sich über dem augenscheinlichen Abgrund befanden. Erwartet worden war das Gegenteil, nämlich eine Erhöhung der Herzfrequenz auf der »gefährlichen« Seite. Dies ist regelmäßig der Fall bei etwa neun Monate alten Kindern, die bereits krabbeln können und daher wahrscheinlich schon Erfahrungen mit solcherlei Abgründen gemacht haben, z. B. mit Treppenstufen. Für die jüngeren Kinder, denen diese Erfahrung fehlt, ist die »sichere« Seite möglicherweise aufregender, weil sich hier das interessante große Schachbrettmuster befindet.

Mit zunehmender Sehschärfe lernen Kinder immer besser, räumlich zu sehen und Distanzen richtig einzuschätzen. Sinnesphysiologen gehen davon aus, dass sie im Alter von drei bis vier Monaten bereits die Information der *Querdisparation* nutzen können: Die auf der Netzhaut des linken und des rechten Auges entstehenden Abbilder eines entfernten Objektes unterscheiden sich minimal und werden erst im Gehirn zu einem Wahrnehmungsobjekt verschmolzen.

Im Alter von ungefähr sechs Monaten lernen die Kinder einen weiteren wichtigen Hinweisreiz für **Entfernung**, nämlich den der Verdeckung. Sie erkennen, dass Gegenstände, die durch andere ganz oder teilweise verdeckt werden, weiter entfernt sind als die davor befindlichen verdeckenden Objekte. Einen Monat später beziehen sie beim räumlichen Sehen auch bereits die gewohnte Größe von ihnen vertrauten Gegenständen ein. Wenn ihnen eine ungewöhnlich große Ausgabe eines normalerweise kleinen Gegenstandes gezeigt wird, greifen sie nach ihm, weil sie davon ausgehen, dass er sich unmittelbar vor ihnen befindet. Ein bis zwei Monate jüngere Kinder können diesen Hinweisreiz für Entfernung noch nicht nutzen.

5.2.4 Konstanz- und Permanenzlernen

Ein Gegenstand bleibt objektiv derselbe Gegenstand bzw. **konstant** er selbst – wie die Psychologen sagen –, auch wenn er sich aus dem Blickwinkel des Beobachters immer wieder verändert. Er wird kleiner oder größer, wenn er sich entfernt oder annähert. Er leuchtet rot in der Sonne und ist in der Dämmerung dunkelgrau und kaum noch zu erkennen. Er sieht aus wie ein Kreis, wenn man ihn von oben betrachtet, und entpuppt sich von vorn als langer Stab. Er ist fast durchsichtig, wenn er vor eine Lampe gehalten wird, und völlig undurchsichtig, wenn man ihn auf den Tisch legt (z. B. Papier). Und schließlich bleibt er erhalten, er ist **permanent** da, auch wenn er vorübergehend aus dem Blickfeld gerät, z. B. wenn ein Schirm davor gestellt wird. Die Abbildungen des Gegenstandes auf der Netzhaut ändern sich also ständig, sobald sich seine Umgebung verändert, aber auch, wenn der Betrachter eine andere Position einnimmt oder seinen Kopf bewegt.

Um sich in der Welt zurechtzufinden und die richtigen Vorstellungen und Begriffe von den Dingen seiner Umwelt zu erwerben, muss das Kleinkind die genannten Konstanzvorstellungen von Größe, Farbe, Form und Helligkeit nach und nach erlernen. Es muss sozusagen Korrekturprogramme entwickeln, die seine Wahrnehmungsinhalte der Realität entsprechend umgestalten. Ein Schnuller bleibt ein Schnuller, auch wenn er von hinten betrachtet gar nicht mehr wie ein Schnuller aussieht. Ein Gesicht bleibt ein Gesicht, auch wenn manchmal nur Stirn und Haaransatz, manchmal nur Mund und Kinn zu sehen sind. Ein Milchfläschchen bleibt ein Milchfläschchen, gleichgültig ob es steht, liegt oder sich halb verdeckt in Mamas Hand befindet.

Es bedarf einer ganzen Reihe von Erfahrungen und Lernprozessen, bis das Kleinkind **Person- und Objektpermanenz** erwirbt (→ Kap. 5.3). Und auch im späteren Leben gibt es immer wieder Situationen, in denen alle unsere Konstanz- und Permanenzerfahrungen ins Schwimmen geraten. Fast jeder kennt die folgende Situation: Wir blicken aus dem Fenster des im Bahnhof wartenden Zuges, als sich plötzlich die Waggons auf dem gegenüberliegenden Gleis langsam in Bewegung setzen – oder ist es unser Zug, der gerade losfährt? Erst wenn wir unser Augenmerk auf weitere Hinweiszeichen richten, z. B. auf Geräusche und Vibrationen, wissen wir schließlich, welcher Zug sich nun wirklich bewegt.

5.2.5 Objektwahrnehmung

Bei der Entwicklung der **Objektwahrnehmung,** das weiß man heute, spielt auch das Greifen eine große Rolle. Beim frühen reflexartigen Greifen in den ersten beiden Lebensmonaten findet noch keine Koordination von Auge und Hand statt. Erst mit dem allmählichen Verschwinden des Greifreflexes werden gezieltere Bewegungen zum Objekt hin langsam möglich. Mit drei bis vier Monaten wird die Hand für den Säugling immer wichtiger beim Erkunden von Objekten seiner Umwelt durch Betasten. Das Auge ist an diesen *haptischen* Erkundungsprozessen noch nicht beteiligt. Man kann z. B. beobachten, dass Säuglinge dieser Altersstufe einen Gegenstand mit den Händen befühlen, während sie zur gleichen Zeit einen anderen Gegenstand aufmerksam betrachten. Interessanterweise können sie aber ein Objekt visuell wiedererkennen, das sie vorher gründlich befühlen konnten, etwa eine gelochte Scheibe. Jedenfalls richten sie in einem *Habituierungsexperiment* (→ Kap. 4.2.3) ihren Blick länger auf eine ihnen nicht vertraute ungelochte Scheibe, wenn diese gleichzeitig mit der gelochten Scheibe dargeboten wird. Man kann hier also durchaus davon sprechen, dass eine ertastete Information auf einen anderen Sinneskanal, nämlich den visuellen, übertragen wird.

Visuell geführtes und visuell ausgelöstes Greifen

Im Alter von ungefähr fünf Monaten werden die Greifversuche von Säuglingen immer gezielter, weil sie mittlerweile gelernt haben, der Bewegung ihrer Hand mit den Augen zu folgen. Immer besser gelingt es ihnen nun, die sich bewegende Hand und das Greifobjekt gleichzeitig im Auge zu behalten. Ihr Interesse am Tasten und Befühlen des Objektes lässt jetzt merkbar nach, da im Vordergrund der **visuell geführte Greifvorgang** steht. In diesem Alter lernen sie aber auch die Beherrschung des **visuell ausgelösten Greifens**, das durch zwei verschiedene Aufgabenstellungen untersucht wurde. Vier bis sieben Monate alten Säuglingen gelingt es schon, ein Objekt im Dunkeln zu ergreifen, wenn sie vorher kurz Gelegenheit hatten, das Objekt im Hellen zu fixieren, oder wenn das Objekt im Dunkeln leuchtet. Sie versuchen jedoch nicht mehr nach dem Objekt zu greifen, sobald es vollständig von einem Schirm verdeckt wird und dadurch aus ihrem Blickfeld gerät. Ungefähr im Alter von viereinhalb Monaten schaffen es Säuglinge, erfolgreich nach einem bewegten Objekt zu greifen, das mit einer Geschwindigkeit von 30 Zentimetern pro Sekunde in Nasenhöhe an ihrem Kopf vorbeigeführt wird. Damit ihnen das gelingt, müssen sie die Bewegungsbahn des Objektes vorwegnehmen und ihre Greifbewegung bereits starten, wenn das Objekt noch gar nicht in Reichweite ist.

Es findet sich eine Reihe von Hinweisen darauf, dass sich das visuell ausgelöste Greifen unabhängig und parallel zum visuell geführten Greifen entwickelt. Das spricht dafür, dass ihnen auch unterschiedliche motorische Bewegungsmuster und neurophysiologische Regulationszentren zugrunde liegen. Für beide Typen des Greifens gilt jedoch, dass sie niemals allein vom Auge geführt werden. Sie werden vielmehr von Anfang an auch unter Beteiligung von reflexartig automatisierten und *propriozeptiven* (die Körperwahrnehmung betreffenden) Komponenten ausgeführt. Nur so lässt sich der enorme Lernfortschritt von Säuglingen erklären, die einige Wochen nach ihren ersten gezielten Greifversuchen bereits in der Lage sind, Objekte zu ergreifen, die sich sehr schnell bewegen.

5.3 Entwicklung der Objekt- und Personpermanenz

Die Vorstellung, dass eine Person oder ein Objekt weiterexistiert, auch wenn sie oder es nicht mehr sichtbar ist, entwickelt sich vermutlich erst in der zweiten Hälfte des ersten Lebensjahres. Für viele Entwicklungspsychologen handelt es sich hierbei um einen Meilenstein in der kindlichen kognitiven Entwicklung. Für Piaget (1975) ist der Erwerb der Objekt- und Personpermanenz grundlegend für die gesamte weitere geistige Entwicklung des Kindes (→ Kap. 2.4).

5.3.1 Piagets Untersuchungen zur Objektpermanenz

Piaget war es auch, der schon in den 20er- und 30er-Jahren des vergangenen Jahrhunderts seine bahnbrechenden Untersuchungen zur Objektpermanenz durchführte. Dabei verwendete er folgenden Versuchsaufbau:

Kindern verschiedener Altersstufen von einem Monat bis 24 Monaten wurde ein interessantes Objekt gezeigt. Anschließend wurde es auf verschiedene Weisen wieder aus ihrem Blickfeld entfernt, z. B. hinter einem Schirm verborgen, unter einer Decke oder Tasse versteckt, oder einfach zur Seite gelegt. Minutiös beobachtet wurde das sich unmittelbar daran anschließende Verhalten der Kinder: Vermissten sie das Objekt und versuchten sie sogar, es wieder zu finden, oder zeigten sie kein Interesse an seinem Verbleib bzw. klang ihr Interesse schnell ab?

Durch diesen Versuch wurde nicht nur von Piaget, sondern auch von zahlreichen weiteren Forschern, die seine Versuchsanordnung teilweise in abgewandelter Form wieder verwendeten, eine Reihe von Entwicklungsregelmäßigkeiten zu Tage gefördert.

- **1. Lebensmonat:** Die Säuglinge folgen dem Objekt mit den Augen, gelegentlich auch unter leichtem Drehen des Kopfes, bis es aus ihrem Blickfeld verschwindet. Sie zeigen kein suchendes Verhalten.
- **2. bis 4. Lebensmonat:** Die Säuglinge schauen länger dorthin, wo das Objekt verschwand, oder auch zu der Stelle, an der das Objekt auftauchte.
- **5. bis 8. Lebensmonat:** Das Suchverhalten der Säuglinge wird zielstrebiger, klingt aber schnell wieder ab, wenn sie das Objekt nicht gleich finden. Ein halb verdecktes Objekt erkennen sie nicht wieder, es sei denn, es wurde vor ihren Augen dorthin bewegt.

- **9. bis 12. Lebensmonat:** Die einfache Objektpermanenz wird erreicht, d. h. die Kinder suchen erfolgreich nach einem Objekt, das vor ihren Augen hinter einem Schirm versteckt wurde. Wenn das Objekt anschließend erneut versteckt wird, z. B. unter einer Decke, suchen sie es nicht dort, sondern am ersten Fundort, also hinter dem Schirm.
- **12. bis 17. Lebensmonat:** Die Säuglinge lernen allmählich, das Objekt gleich am zweiten Fundort zu suchen. Nur noch gelegentlich schauen sie probehalber zunächst noch einmal am ersten Fundort nach.
- **13. bis 24. Lebensmonat:** Nach und nach suchen die Säuglinge nun systematisch und zielsicher nach einem Objekt, das ihnen vorher verdeckt, z. B. in einer Dose, präsentiert und dann unter drei verschiedenen Verstecken entlanggeführt wurde. Jüngere Kinder schauen sicherheitshalber erst einmal in der Dose nach; ist dies nicht von Erfolg gekrönt, suchen sie zunächst im ersten, dann im zweiten und nötigenfalls im dritten Versteck. Ältere Kinder starten ihre Suche gleich von hinten, d. h. sie schauen zuerst im letzten Versteck nach.

Piaget interpretiert diesen Entwicklungsfortschritt folgendermaßen: Bei den wenige Monate alten Kindern bilden das Objekt und die darauf bezogene Wahrnehmungshandlung noch eine untrennbare Einheit. Mit der Beendigung der Wahrnehmung, sobald das Objekt aus dem Blickfeld verschwunden ist, hört auch das Objekt auf zu existieren. Die *sensumotorische* Einheit von Objekt und Handlung (→ Kap. 2.4) wird in den nächsten Lebensmonaten allmählich gelockert und langsam begreifen die Kinder dann, dass Objekte eine von ihnen und ihren Handlungen unabhängige Existenz haben. Es dauert aber mindestens bis zum vollendeten ersten Lebensjahr, bis sich die Kinder sicher sind, dass sich Objekte nicht verändern, wenn sie vorübergehend aus dem Blickfeld geraten.

Für Piaget ist es auch nicht überraschend, dass **Personpermanenz** früher als Objektpermanenz erreicht wird. Ist es doch die vertraute Mutter oder eine andere Hauptbezugsperson, der am intensivsten nachgeschaut wird, wenn sie aus dem Blickfeld verschwindet. Denn sie wird am meisten vermisst, weil sie zuständig ist für die Befriedigung aller wichtigen Bedürfnisse. Wesentlich länger dauert es, bis Kleinkinder begreifen, dass Personen nicht nur unabhängig von ihnen existieren, sondern auch eine eigene Innenwelt mit eigenen Gedanken, Wünschen und Meinungen besitzen, die sich von ihren unterscheiden. Piaget bezeichnete diese, für die sozial-kognitive Entwicklung der Kinder höchst bedeutsamen Fortschritte als **Dezentrierungen**. Sie sind für die Entwicklung von Empathie und Rollenübernahmefähigkeiten (→ Kap. 7.2.4) von großer Bedeutung.

5.3.2 Kritik an Piagets Erklärungen der Objektpermanenz

Weil ihnen die Erklärungen von Piaget für die Ausbildung von Objektpermanenz nicht ausreichten, haben andere Forscher später alternative Interpretationen angeboten. Jennifer Wishart aus Schottland und Thomas G. Bower aus den USA (1984) sind beispielsweise der Meinung, dass bereits Neugeborene eine vage Vorstellung von Permanenz haben, also davon, dass ein Objekt etwas außerhalb von ihnen Befindliches ist. Sie tun sich nur schwer zu verstehen, dass das Objekt immer noch dasselbe ist, wenn es einmal verschwunden und wieder aufgetaucht ist. Nach Wishart und Bower bilden die Kinder im Verlauf des ersten Lebensjahres also ein Bewusstsein von *Objektidentität* aus.

Andere Forscher kritisieren die Lebensferne der von Piaget angeregten Experimente und vermuten, dass die Ergebnisse ganz anders ausgefallen wären, wenn die Untersuchungen mit attraktiven Objekten wie dem Lieblingsspielzeug der Kinder durchgeführt worden wären. Bemängelt wird auch, dass die Möglichkeit nicht in Betracht gezogen wurde, die Kinder könnten vielleicht schon über mehr Wissen verfügen, als ihre unzulänglichen Handlungen es nahe legen. Vielleicht hindert sie nur ihre unreife Motorik an ausgeklügelterem Verhalten.

Auch wenn einige kritische Äußerungen nach wie vor im Raum stehen, bleibt der Verdienst von Piaget doch unbestritten: Er hat als Erster darauf aufmerksam gemacht, dass sich die Vorstellungen des Kindes von der Welt und den dazugehörigen Personen und Objekten erst allmählich und in geordneter Weise als etwas entwickeln, das unabhängig von ihm und seinen Handlungen, Gefühlen und Erwartungen existiert.

5.4 Entwicklung von Kommunikation und Sozialverhalten

Es war schon die Rede davon, welche beachtlichen Fähigkeiten bereits das neugeborene Kind besitzt, was seine Wahrnehmung und Motorik betrifft. Diese erfüllen neben wichtigen physischen Aufgaben vor allem die Funktion, die Mutter oder eine andere fürsorgliche Person an sich zu binden. Auch das so genannte **Kindchenschema** hat diese Funktion: Im Alter von sechs bis acht Wochen verliert der Säugling allmählich sein fötales Aussehen, wird runder und pausbäckiger. Auf das Kindchenschema – großer Kopf mit Stupsnase, große Augen und verhältnismäßig zarter Körper – reagieren Erwachsene und Kinder gleichermaßen, insbesondere aber Mädchen ab der Pubertät, mit spontaner, reflexartiger Zuwendung und Fürsorge. Darüber hinaus entwickelt der Säugling aktive Formen der Kommunikation (→ Kap. 5.4.1) und erste spielerische Aktivitäten (→ Kap. 5.4.3). Etwa im achten Monat tritt ein universell verbreitetes Phänomen des frühkindlichen Sozialverhaltens auf: das Fremdeln (→ Kap. 5.4.2).

5.4.1 Kommunikation

Erster bis sechster Monat: Soziales Lächeln, Blickkontakt und Lalldialoge

Passend zur Entwicklung des Kindchenschemas zeigt das Baby um die sechste Lebenswoche ein neues Verhalten, das **soziale Lächeln.** Dieses Lächeln stellt mit hoher Wahrscheinlichkeit noch keine Reaktion auf Umweltereignisse dar, sondern wird spontan von innen ausgelöst, vermutlich aufgrund einer neuronalen Erregungsänderung. Es erfüllt aber einen sozialen Zweck, denn es trägt dazu bei, dass die Bezugspersonen positiv reagieren und sich dem Säugling vermehrt zuwenden. Um den dritten Lebensmonat nimmt sein Interesse am menschlichen Gesicht deutlich zu. Es betrachtet nun sehr intensiv alle Gesichter, die sich ihm nähern, besonders, wenn sie den *optimalen Dialogabstand* (Papousek 1987, S. 116) einhalten. In der Distanz von etwa 20–30 Zentimetern liegt in diesem Alter die höchste Sehschärfe.

Es leuchtet ein, dass durch diese neuen Errungenschaften Kommunikation und soziale Interaktion erleichtert werden. Die Eltern und andere Bezugspersonen reagieren in aller Regel intuitiv richtig: Sie erwidern den **Blickkontakt** und bemühen sich, mit den Babys in Kontakt zu bleiben, indem sie beispielsweise ihre Lautäußerungen wiederholen und warten, wie die Kinder reagieren. Deren Reaktionen spiegeln sie ihnen zurück, so dass sich im Laufe der Zeit richtige Laut- oder **Lalldialoge** entwickeln. Die Kinder lernen in diesen Dialogen sehr schnell, worauf es ankommt: Dass sie nämlich mit ihren Lautäußerungen bestimmte Reaktionen beim Erwachsenen auslösen und diese andauern lassen können, wenn sie seine Reaktionen ihrerseits wieder nachahmen.

Während dieser Zeit wächst auch das Interesse der Kinder an allem, was mit Sprachproduktion zu tun hat, also z.B. den Bewegungen der Lippen und des Mundes, der Stimmmelodie und der

Sprachrhythmik. Gleichzeitig treten einige von Reflexen bestimmte Verhaltensmuster, wie etwa das spontane Mimik-Imitieren, mehr und mehr in den Hintergrund. Sie würden die Ausbildung dialogischen und kommunikativen Verhaltens nur behindern. Dafür nimmt das **mimische Repertoire** merklich zu. Sie können jetzt diverse Gefühlszustände wie Freude, Vergnügen, Kummer, Unlust, Staunen und Interesse schon wesentlich deutlicher ausdrücken. Beim ungefähr vier Monate alten Säugling lassen sich gelegentlich sogar schon herzhaftes Lachen und lustvolles Quietschen beobachten. Das ist ein Indiz dafür, dass sich seine freudige Erregung zuweilen sehr rasch steigert und dann blitzartig wieder entlädt (vgl. Rauh 1995, S. 207).

Im Verlauf des fünften Lebensmonats wird das bereits beschriebene **visuell gesteuerte Greifen** (→ Kap. 5.2.5) immer mehr ausgebaut. Entsprechend wächst das Interesse an den Dingen der Umwelt, während das Interesse an den spielerischen Laut- und Mimik-Dialogen vorübergehend abnimmt. Im Laufe der nächsten Wochen stabilisieren sich die individuellen Eigenarten des Verhaltens immer weiter, so dass sich nun bereits Unterschiede von Kind zu Kind nachweisen lassen. Diese sind jetzt so stabil, dass sich auf ihrer Grundlage relativ genaue Voraussagen bezüglich der weiteren Entwicklung des sozialen und emotionalen Verhaltens machen lassen. Für Kinder, die im Alter von sechs Monaten intensiven Blickkontakt mit der Mutter oder einer anderen Bezugsperson haben, lässt sich beispielsweise prognostizieren, dass sie im Alter von anderthalb Jahren eine sichere positive Bindung zu dieser Person haben werden, die ihnen Rückhalt gibt, wenn sie unbekannte Dinge erkunden oder mit fremden Personen kommunizieren. Übrigens lassen sich auch von der Sensibilität des erwachsenen Verhaltens gegenüber dem Kind auf dieser Altersstufe Rückschlüsse auf das soziale und kommunikative Verhalten des Kindes zu einem späteren Zeitpunkt ziehen.

Die Entwicklung des Kindes im Bereich Kommunikation und Sozialverhalten hängt auch von der Fähigkeit der Bezugspersonen ab, die Kommunikationssignale des Kindes richtig zu verstehen und angemessen darauf zu reagieren (vgl. Rauh 1995, S. 207).

Siebter bis zwölfter Monat: Mimik, Gesten und Laute

In der zweiten Hälfte des ersten Lebensjahres wird die gegenständliche Umwelt in Form von Spielzeug und Dingen des täglichen Gebrauchs immer bedeutsamer für das Kind. Es interessiert sich für die Beschaffenheit von Gegenständen, die es jetzt selbstständig ergreifen und mit allen Sinnen erkunden kann: ihre Form und Farbe, ihr Gewicht oder ihre Oberflächenstruktur. Das wirkt sich auch auf seine Kommunikation mit den Bezugspersonen aus. Beispielsweise beschäftigen sich Vater und Kind zusammen mit einem neuen Spielzeug oder der Vater macht das Kind auf ein Objekt in der Nähe aufmerksam, indem er darauf zeigt. Bald lernt das Kind dann die richtige Verwendung der Zeigegeste und kann seinerseits dem Vater mitteilen, welche Dinge sein Interesse erregen und welche es gerne haben möchte, falls es sie selbst nicht erreichen kann. In den jetzt bevorzugten Spielen wird das Prinzip der Wechselseitigkeit immer wichtiger: sich gegenseitig den Ball zurollen, sich abwechselnd unter einem Tuch verstecken, erst gemeinsam und dann nacheinander neue Laute und Geräusche ausprobieren.

Die meisten Eltern überlassen in diesen spielerischen Interaktionen ihren Kindern weitgehend die Initiative und gehen so intuitiv auf deren Interessen ein. Auf diese Weise bilden sich allmählich Beschäftigungsvorlieben aus, auf die Eltern oder ErzieherInnen aufbauen können, indem sie den Kindern vorschlagen, auch andere Objekte einzubeziehen, oder sie behutsam auf noch nicht berücksichtigte Verwendungsmöglichkeiten eines Spielgegenstandes hinweisen.

Durch die Interaktion mit vertrauten Personen in solchen Interessenfeldern erwerben die Kinder auch ein grundlegendes Verständnis für wesentliche Kategorien der Sprache; sie lernen die *Basisgrammatik*, wie einige Psycholinguisten meinen. Darunter ist z. B. die Subjekt-Prädikat-Objekt-Relation zu verstehen: »Ich zeige auf etwas, du gibst es mir.« Insgesamt betrachtet, spielt sich die Kommunikation zwischen den Kindern und ihren Hauptbezugspersonen in dieser Zeit überwiegend vorsprachlich ab, nämlich mit Hilfe von **mimischem Ausdruck, Gesten und Lauten** (*Vokalisationen*), in die von Seiten der Erwachsenen hin und wieder einzelne Wörter oder kleine Sätze eingebunden werden. Das mimische Ausdrucksrepertoire der Kinder ist zwischenzeitlich noch weiter gewachsen, insbesondere im Hinblick auf ihre Gefühle, und sie schaffen es nun auch immer besser, sich eine Rückmeldung von den Erwachsenen zu holen, indem sie deren Mimik richtig deuten.

Elemente des intuitiven Elternverhaltens

Eltern verhalten sich in vielen Situationen intuitiv richtig im Umgang mit ihrem Baby. Dieses **intuitive Elternverhalten** stellt aus Sicht des Forscher-Ehepaares Papousek eine Mitgift aus der Evolution dar und ist optimal angepasst an die Lernbedürfnisse und Kompetenzen des Säuglings. In Anknüpfung an die Arbeiten von Papousek & Papousek (1987) beschreibt Hellgard Rauh (2002, S. 190 f.) die Elemente des intuitiven Elternverhaltens.

- **Ermittlung und Regulierung des Wachheits- und Erregungszustandes des Kindes:** Durch kurzes Berühren der Hand oder des Kinns des Säuglings fühlen die Eltern, wie angespannt er ist. Gegebenenfalls beruhigen sie ihn etwas, z. B. durch Streicheln oder rhythmische Bewegungen, oder sie regen ihn ein wenig an und aktivieren seine Aufmerksamkeit, wenn er ihnen sehr entspannt vorkommt.

- **Aufnahme von direktem Blickkontakt:** Durch Rufen des Kindes (»Guckguck«) und rhythmische Laute erreichen die Eltern, dass es sich ihnen zuwendet und sie anschaut. Intuitiv nehmen sie die optimale Distanz von etwa 25 Zentimetern ein und halten den Blickkontakt aufrecht durch Hochziehen der Stirnfalten und Kopfnicken.
- **Aufbau einer echten Kommunikationssituation:** Die Eltern beziehen sich durchgängig auf ihr Kind als vollwertigen Gesprächspartner. Dabei übertreiben sie nötigenfalls ihr mimisches und gestisches Verhalten und signalisieren ihm durch erhöhte Stimmlage und Lachen, dass sie mit ihm kommunizieren wollen. Sie reagieren sensibel auf seine Äußerungen, welche sie ihm widerspiegeln und gemeinsam mit ihm wiederholen. Durch abwechselndes Nachahmen und Duettieren entstehen so allmählich kleine Dialoge.
- **Aufrechterhaltung einer angemessenen Stimulation:** So lange das Kind Interesse signalisiert, halten die Eltern den Blickkontakt und die Kommunikationssituation aufrecht. Sie passen sich dabei dem Kind und seinem Auffassungsvermögen an. Das gilt für ihr gesamtes sprachliches Verhalten in Tonfall, Satzmelodie, Wortwahl, Länge der Äußerungen oder Wiederholungen. Genauso passen sie ihr nonverbales Verhalten an, also Mimik, Gestik und Körperhaltung. Sowohl verbal als auch nonverbal beziehen sie sich kontinuierlich auf alle vom Kind ausgehenden Signale.
- **Förderung und Aufbau ganzheitlicher, integrativer Prozesse durch multimodale Stimulation:** Die Eltern kommunizieren mit ihrem Kleinkind über alle Kommunikationskanäle und Sinne (auditiv, visuell, taktil). Sie regen durch das Imitieren seiner Äußerungen sein Nachahmungsverhalten an und stimmen sich auf seine Gefühlslage ein, die sie ihm in verstärkter Form widerspiegeln. Sie wiederholen in spielerischer Weise ihre eigenen Vokalisationen und Verbalisierungen, variieren diese dabei immer wieder und ermuntern das Kind, es auch so zu machen. Langsam entstehen so kleine Spieldialoge, die ritualisiert werden und in zukünftigen Kommunikationssituationen leicht wieder hergestellt werden können. Eine wichtige Rolle spielt dabei die aktuelle Umwelt.

Auf diese und ihre Bestandteile beziehen sich die Eltern und vermitteln ihrem Kind durch Zeigen und Benennen einen ersten Zugang zu den Symbolen und Zeichen ihrer Kultur.

5.4.2 Fremdeln

Fremdeln scheint interessanterweise ein universell verbreitetes Phänomen zu sein, das bei den meisten Kindern in mehr oder weniger deutlicher Ausprägung beobachtet werden kann. Sie reagieren plötzlich mit Angst auf fremde Personen, die ihnen zu nahe kommen. Das Fremdeln tritt für die Eltern häufig sehr überraschend auf, in der Regel im achten oder neunten Lebensmonat. Deshalb wird es auch die Acht-Monats-Angst genannt. Es gibt Kinder, die sehr heftig und mit allen Anzeichen starker Furcht auf den bloßen Anblick von Fremden reagieren. Andere zeigen erst dann Unruhe und Abwehrverhalten, wenn die ihnen fremde Person sie berühren oder gar auf den Arm nehmen will. Einige Kinder sind, solange der Fremde auf Distanz bleibt, sogar aufgeschlossen und neugierig; ihre Stimmung schlägt erst ins Negative um, wenn er ihnen zu nahe kommt. Keine Rolle scheint es dabei zu spielen, wie die Kinder bis dahin aufgewachsen sind, mit zahlreichen Sozialkontakten und verschiedenen Bezugspersonen oder eher isoliert mit nur einem Elternteil. Auch wie sie von ihren Eltern bisher behandelt wurden, scheint für das Fremdeln nicht ausschlaggebend zu sein. Es wurde lediglich hin und wieder festgestellt, dass Kinder besonders früh und stark fremdeln, wenn sie über reichhaltige und intensive Interaktionserfahrungen mit ihren Müttern und Vätern verfügen und an diese wahrscheinlich positiv gebunden sind. Zwei interessante Erklärungsansätze für das Fremdeln sollen hier kurz skizziert werden. Möglicherweise müssen sie gemeinsam berücksichtigt werden, um im konkreten Fall das Ausmaß und die Qualität einer Fremdel-Reaktion richtig verstehen zu können.

Erklärungsansatz Kommunikationssystem

Dass gerade Kinder mit intensiven Interaktionserfahrungen so stark fremdeln, erklärt Bower (1979) auf plausible Weise: Sie verfügen im Unterschied zu anderen Kindern bereits über ein ausgefeiltes vorsprachliches **Kommunikationssystem**, das speziell auf ihre Eltern zugeschnitten ist und mit diesen im Verlauf intensiver Interaktionen aufgebaut werden konnte. Dieses System erweist sich jedoch im nahen Kontakt mit fremden Personen als unbrauchbar und da den Kindern noch keine anderen Kommunikationsstrategien zur Verfügung stehen, reagieren sie mit Angst, Abwehr und Rückzug. Für die fremde Person empfiehlt es sich deshalb, zunächst auf Distanz zu bleiben und vielleicht zu versuchen, mit dem Kind über einen attraktiven Gegenstand wie ein mitgebrachtes Geschenk oder über eine spielerische Interaktion in Kontakt zu kommen. Sie könnten z. B. einen Ball rollen lassen oder ein Mobile in Bewegung setzen. Sollte das Kind dann allmählich sein Abwehrverhalten reduzieren, kommt es darauf an, sensibel auf seine Kommunikationssignale und -wünsche zu reagieren.

Erklärungsansatz Vorstellungsschema

Einige andere Forscher erklären das Fremdeln mit der kognitiven Entwicklung des Kindes. Im Alter von sechs bis acht Monaten verfügen die meisten Kinder bereits über ein positiv gefärbtes inneres Bild ihrer Eltern oder anderer vertrauter Bezugspersonen. Das nennt man **Vorstellungsschema**. Bei Personen, die sich ihnen nähern und von diesem Vorstellungsschema beträchtlich abweichen, haben sie ein *Diskrepanzerlebnis*, das ihnen Angst bereitet. Einige Forschungsbefunde stützen diesen Erklärungsansatz. Es wird nämlich besonders heftig gefremdelt beim Anblick von unbekannten Personen, die sehr fremdartig erscheinen und daher ganz und gar nicht in die Vorstellungsschemata der Kinder passen, z. B. große, dunkelhaarige, bärtige und farbige Männer, wenn der eigene Vater eher klein, blond, bartlos und hellhäutig ist. Weniger starke bzw. gar keine Angstreaktionen sind dagegen festzustellen, wenn sich ein etwas älteres Kind nähert oder eine erwachsene Person, die nur geringfügig von dem Vorstellungsbild abweicht, welches die Kinder von ihrer Mutter bzw. ihrem Vater aufgebaut haben.

5.4.3 Spielen

Je nach Betrachtungsweise lässt sich der Beginn spielerischer Aktivitäten schon sehr früh ansetzen. Einige Spielforscher vermuten sogar, dass sich bereits beim neugeborenen bzw. wenige Tage alten Säugling Bewegungsmuster identifizieren lassen, die oft rhythmisch wiederholt werden und durchaus spielerische Qualität haben. Es scheint dem Baby Spaß zu machen, sie immer wieder auszuführen. Noch deutlicher an spielerische Handlungen erinnern die auf Zufall basierenden **Experimentierbewegungen**, die sich beim drei Monate alten Säugling beobachten lassen (→ Kap. 5.1) Im Folgenden wird eine kurze Übersicht über die Spielentwicklung im ersten Lebensjahr nach Piaget gegeben. Auf die Bedeutung des kindlichen Spiels und den entwicklungspsychologischen Forschungsstand wird an anderer Stelle ausführlich eingegangen (→ Kap. 6.5).

Piaget (1975) spricht vom **sensumotorischen Spiel** der Kinder bis zum zweiten Lebensjahr. Es entwickelt sich in sechs Entwicklungsstufen (→ Kap. 2.4.), davon werden vier in den ersten zwölf Monaten durchlaufen.

- **1. Stufe** *(0 bis 1 Monat):* Bis zum Alter von einem Monat ist das Verhalten des Säuglings noch weitgehend von Reflexen und deren Veränderung bestimmt
- **2. Stufe** *(2 bis 4 Monate):* Die **primären Zirkulärreaktionen** des alten Säuglings sind auf den eigenen Körper und seine Bewegungen bezogen. Er entdeckt z. B., dass er eine Faust ballen und wie-

der öffnen kann und wiederholt diese Bewegung ausdauernd. Dieses Verhalten kann möglicherweise als erster Ansatz spielerischer Handlungen betrachtet werden.

- 3. **Stufe** *(5 bis 8 Monate):* Den **sekundären Zirkulärreaktionen** kann aufgrund der *Funktionslust,* die das Kind bei ihrer Ausübung zweifellos empfindet, eine spielerische Qualität nicht abgesprochen werden. Zum Beispiel bringt ein fünf Monate alter Säugling durch eine zufällige Bewegung ein Mobile in Schwung und wiederholt von da an diese Bewegung immer wieder. Im weiteren Entwicklungsverlauf, nämlich dann, wenn sich das Kleinkind eine zunehmend klarere Vorstellung davon macht, dass es selbst Verursacher der sich abspielenden Handlungen ist, wächst in ihm auch die Lust, immer neue und vielfältigere Handlungsformen mit einem Zielgegenstand auszuprobieren.

- 4. **Stufe** *(9 bis 12 Monate):* Das Kind lernt, die zufällig erworbenen neuen Verhaltensweisen miteinander zu verknüpfen und immer zielgerichteter einzusetzen, um etwas zu erreichen. Wenn vor seinen Augen ein interessanter Gegenstand versteckt wird, versucht es den attraktiven Gegenstand zu erlangen, und setzt dabei alle ihm zur Verfügung stehenden Verhaltensweisen ein. Es zieht, stößt, schiebt, tastet, greift oder krabbelt, bis es den Gegenstand hat. Zu einer spielerischen Beschäftigung ausgebaut wird dieser neu erworbene Verhaltensfundus z. B. dann, wenn das Kind in einer entspannten Situation anfängt, selbst Gegenstände zu verstecken und wieder zu suchen und dabei immer wieder andere, variantenreiche Verhaltensformen zielstrebig einsetzt.

5.5 Entwicklung von Emotionen

Emotionen oder Gefühle sind in der Psychologie lange Jahrzehnte ein relativ vernachlässigter Forschungsgegenstand gewesen.

Das dürfte in erster Linie mit ihrer Flüchtigkeit zusammenhängen, die bei der systematischen methodischen Erfassung von Emotionen viele Schwierigkeiten aufwarf. Heute hat sich die Situation grundlegend geändert. Es stehen physiologische Erhebungsmethoden zur Verfügung, mit deren Hilfe Erregungsprozesse, die für spezifische Gefühlszustände charakteristisch sind, mit großer Genauigkeit erfasst werden können. Dabei handelt es sich z. B. um computerunterstützte Analysen neuronaler Aktionspotenziale und biochemischer Prozesse in bestimmten Hirnarealen. Möglich ist auch die Messung ausgewählter Körperfunktionen, wie der Atmung, des Pulsschlags, der Herzfrequenz, des galvanischen Hautwiderstands oder hormoneller Veränderungen im Speichel. Auch die systematische methodische Erfassung der Ausdrucksseite von Emotionen, der Mimik, ist heute mit hoher Präzision möglich, dank der Fortschritte in der digitalen Aufzeichnung und Verarbeitung von audiovisuellen Daten. Es existieren mittlerweile Gesichtsatlanten, in denen alle an einer bestimmten Emotion beteiligten mimischen Details genauestens kartographiert worden sind. Solche Atlanten erleichtern die wissenschaftliche Analyse, weil sie z. B. Aussagen über die »Reinheit« oder »Mischung« von Gefühlen gestatten. Der Fortschritt im Bereich der Analysemethoden brachte es mit sich, dass auch in der entwicklungspsychologisch orientierten Forschung eine Reihe von neuen Einsichten gewonnen werden konnte.

Basisemotionen

Als gesichert gilt mittlerweile, dass bereits Neugeborene emotionale Grundmuster in ihrem mimischen Ausdruck zeigen. Diese gelten in der Forschung als **Basisemotionen,** weil sie in den unterschiedlichsten Kulturen vorkommen und überall verstanden werden. Es handelt sich dabei um Abscheu, Ekel, Ärger, Erstaunen, Überraschung, Freude und Traurigkeit. Allerdings wird bezweifelt, dass diese Basisemotionen, die vor allem in bestimmten

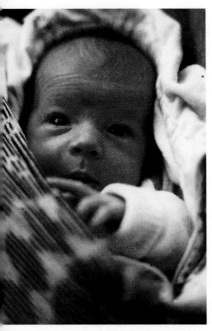

Staunen – Basisemotionen schon beim wenige Tage alten Säugling.

Schlafphasen zu beobachten sind, bereits mit entsprechenden subjektiven Gefühlen verbunden sind. Es ist wahrscheinlicher, dass diese Grundmuster durch spezifische Erregungszustände des Gehirns ausgelöst werden. Erst einige Lebensmonate später gelangen sie als angeborene, vorprogrammierte mimische Reaktionsmuster unter die Kontrolle höherer Steuerungszentren in der Großhirnrinde und können dann mit den passenden Gefühlserlebnissen verknüpft werden.

Im Unterschied zu älteren Kindern und Erwachsenen reagieren Säuglinge und Kleinkinder direkt und spontan auf eine emotionsauslösende Situation, ihrem kognitiven Entwicklungsstand entsprechend. Ihre Gefühle sind echt und unverfälscht, weil sie sie noch nicht unterdrücken oder kaschieren und auch noch nicht darstellerisch zum Einsatz bringen können. Erst gegen Ende des ersten Lebensjahres gelingt es ihnen hin und wieder, ihren mimischen Ausdruck etwas zu verstärken oder abzuschwächen. Aber es dauert noch bis ins Kindergartenalter hinein, bis sich ihre Gefühlszustände nicht mehr so deutlich in ihrer Mimik widerspiegeln. Erst dann können sie beispielsweise bewusst ein neutrales Gesicht zeigen. Allmählich steht ihnen ein immer größeres mimisches Repertoire in ihrem Ausdrucksverhalten zur Verfügung, auch für gemischte Gefühle.

5.5.1 In welcher Reihenfolge entwickeln sich Emotionen?

Nicht ganz einig sind sich die Forscher bis heute, in welcher Reihenfolge und in Verbindung mit welchen wichtigen Entwicklungsereignissen sich die unterschiedlichen Gefühle bei Kleinkindern manifestieren. Und auch die Theorien, die herangezogen werden, um die jeweils entdeckten Entwicklungsbesonderheiten zu erklären, unterscheiden sich zum Teil beträchtlich. Einige Forscher gehen davon aus, dass Emotionen abhängig sind vom kognitiven Entwicklungsstand und zwischenmenschlichen Erfahrungen. Kleinkinder zeigen z. B. keine Angst beim Anblick von Giftschlangen oder Raubtieren, weil sie noch nicht wissen, welche Gefahren von ihnen ausgehen können. Solange sie noch keine Trennung von einer Bezugsperson erfahren haben, können sie auch noch nicht traurig sein. Für andere Forscher gilt dieser **Primat der Kognition und sozialen Erfahrung** nicht. Sie nehmen im Gegenteil an, dass Emotionen in der stammesgeschichtlichen Entwicklung des Menschen etwas Primäres waren und als *Emotionskognitionen* (Bischof-Köhler 1989) unmittelbar an überlebensnotwendige Verhaltensreaktionen gekoppelt wurden. Angst ist z. B. nützlich, weil sie Fluchtreaktionen auslöst, Neugier und Interesse führen dagegen zu Annäherungsverhalten und dienen der Erkundung der Umgebung.

Stufentheorie der emotionalen Entwicklung

Eine recht differenzierte Stufentheorie der emotionalen Entwicklung legten die Forscher L. Alan Sroufe und Everett Bell Waters (1977) auf der Grundlage sorgfältiger Beobachtungsstudien vor. Ihrer Ansicht nach können nahezu alle Emotionen abgeleitet werden aus drei Vorläuferformen oder **Basisemotionen**, die bereits unmittelbar nach der Geburt zu beobachten sind und daher als angeboren gelten: **Ängstlichkeit/Furcht, Freude/Vergnügen** und

Ärger/Wut. Ausgehend von diesen Basisemotionen unterscheidet Sroufe acht Stufen der Emotionsentwicklung, die eng verbunden sind mit Fortschritten der kognitiven und sozialen Entwicklung und jeweils einhergehen mit einer neuen Art der Zuwendung zur Umwelt.

- **Stufe 1** *(1. Lebensmonat):* Alle spontan auftretenden Basisemotionen spiegeln lediglich *neuronale Erregungsmuster* wider.
- **Stufe 2** *(2. bis 3. Lebensmonat):* Das von innen bestimmte soziale Lächeln tritt um die sechste Lebenswoche auf; daneben sind schon **Neugier und Interesse**, als auf die Umwelt bezogene Emotionen zu beobachten.
- **Stufe 3** *(3. bis 5. Lebensmonat):* Ab dem 3. Lebensmonat erfolgt allmählich eine Kontrolle der Emotionen durch höhere neuronale Strukturen *(Kortex)*. **Freude** und volles Lachen als Reaktion, z. B. auf gelungene Greifhandlungen, und **Enttäuschung und Wut** bei Misslingen tauchen auf. Das soziale Lächeln wird nun deutlich auch zum Wiederlächeln eingesetzt.
- **Stufe 4** *(6. bis 9. Lebensmonat):* Soziale und auf Gegenstände bezogene Mittel-Zweck-Interaktionen mit der Umwelt nehmen rapide zu. Vor allem die Emotionen **Vergnügen und Ärger** kommen neu hinzu.
- **Stufe 5** *(10. bis 12. Lebensmonat):* Fremdeln kann schon auf Stufe 4 eingesetzt haben und signalisiert zunehmende sozial-emotionale Bindung an die Eltern. **Furcht** als Reaktion auf Fremde, die zu nahe kommen, ist nun zu registrieren.
- **Stufe 6** *(13. bis 18. Lebensmonat):* Eine Phase des Explorierens und Einübens neuer Fähigkeiten und Fertigkeiten setzt ein. Es differenzieren sich jetzt die Emotionen **Begeisterung und Ängstlichkeit** aus; die Vorsicht nimmt zu. Dabei ist das Ausmaß der Explorativität deutlich abhängig von der Bindungsqualität.
- **Stufe 7** *(19. bis 36. Monat):* Mit der allmählichen Ausbildung des Selbstkonzeptes lassen sich immer häufiger selbstwertrelevante Emotionen wie **Scham und Trotz** beobachten.

• **Stufe** 8 *(ab dem 3. Lebensjahr)*: Es beginnt die Phase des Phantasie- und Rollenspiels und die Gewissensbildung. Die Emotionen **Stolz, Liebe und Schuldgefühle** bilden sich nun langsam aus.

5.5.2 Wie entwickeln sich Lächeln und Lachen?

Das erste Lächeln des Säuglings ist erst relativ spät zu beobachten, selten vor der sechsten Lebenswoche. Das hat in der Forschung lange Jahre für Irritationen gesorgt und bis heute gibt es keine einheitliche Erklärung dafür (vgl. Rauh 1995, S. 234 f.).

• **Biologische Erklärung:** Biologen betrachten das Lächeln als instinktive Reaktion, die durch einen *angeborenen Auslösemechanismus* (AAM) hervorgerufen werden kann, z. b. als Reaktion auf ein menschliches Gesicht oder auf einen Blickkontakt.
• **Humanethologische Erklärung:** Humanethologen interpretieren das Lächeln ähnlich, nämlich als *protosoziales Verhalten*, dem eine soziale Funktion beizumessen ist, obwohl der wenige Wochen alte Säugling sicherlich noch keinen sozialen Zweck mit dem Lächeln beabsichtigt. Sein Lächeln wird aber von der Mutter oder anderen Bezugspersonen sozial gedeutet und leistet damit, wie auch der Blickkontakt, einen wichtigen Beitrag zum Aufbau einer positiven Bindung zum Kind.
• **Psychoanalytische Erklärung:** Manche Psychoanalytiker begreifen Lächeln als Ausdruck des Wohlbehagens und der Entspannung, die sich als Reaktionen auf die Befriedigung primärer Bedürfnisse wie etwa Hunger einstellen.
• **Lerntheoretische Erklärung:** Lerntheoretiker gehen noch einen Schritt weiter und meinen, dass die Bedürfnisbefriedigung assoziiert wird mit dem Gesicht der Mutter, welches künftig stellvertretend die Reaktion des Lächelns auslösen kann, auch wenn keine Bedürfnisbefriedung erfolgt. Sie sehen Lächeln al-

so als Lernerfolg im Sinne einer *klassischen Konditionierung* (→ Kap. 2.1.3).

Andere Lerntheoretiker betrachten Lächeln als *operantes Verhalten* (→ Kap. 2.1.3). Zunächst ist Lächeln nicht mehr als ein zufälliges Verhalten, das möglicherweise vor allem dann auftritt, wenn der Säugling wach ist und sich gut fühlt. Dieses Verhalten wird regelmäßig von der Mutter positiv bekräftigt, z. B. dadurch, dass sie näher kommt und zurück lächelt. Erst später wird mit dem Lächeln ein positiver Gefühlszustand verknüpft; nämlich dann, wenn der Säugling hoch genommen wird und Zuwendung erhält. Allmählich lernt er auch, dass er mit seinem Lächeln bei der Mutter etwas erreicht, ihr Verhalten sozusagen kontrollieren kann. Dadurch gewinnt das Lächeln immer mehr Bedeutung für die Kommunikation zwischen Mutter und Kind.

Entwicklungspsychologische Erklärungsansätze

In jüngerer Zeit haben Entwicklungspsychologen ihre Aufmerksamkeit vermehrt auf die Tatsache gerichtet, dass Lächeln nicht von Anfang an da ist, sondern eine gewisse kognitive Reifung voraussetzt und bevorzugt in sozialen Interaktionssituationen vorzukommen scheint. Für Bower ist Lächeln daher vor allem Ausdruck eines geistigen Vergnügens, nachdem es dem Kind gelungen ist, ein Problem zu lösen, z. B. einen Ursache-Wirkungs-Zusammenhang richtig zu erkennen (sein heftiges Strampeln bringt das über dem Bettchen angebrachte Mobile in Bewegung). Für Jerome Kagan, einen anderen bekannten amerikanischen Entwicklungspsychologen, ist dagegen der nach einer erfolgreichen Problemlösung erfolgende Spannungsabbau von zentraler Bedeutung. Kagan versteht Lächeln als Ausdruck von Entspannung, weil die mit dem Problem verbundene emotionale Unsicherheit nach dessen Lösung verschwindet. Sroufe richtet sein Augenmerk stärker auf den periodischen Aufbau und Abbau von Aufmerksamkeit und geistiger

Anspannung beim Kind. Sehr schneller Spannungsabbau nach vorangegangenem hohen Spannungsaufbau wird häufig begleitet von einem befreienden Lachen, das in der Regel erst einige Wochen später zu beobachten ist als das normale Lächeln. Dieses kommt dann zustande, wenn Spannung etwas langsamer aufgebaut wird und sich anschließend auch nicht so schnell wieder löst.

Sicher besitzen die skizzierten entwicklungspsychologischen Erklärungen der Entstehung des Lächelns alle eine gewisse Plausibilität und es ist müßig zu fragen, welche die zutreffendste ist. Beim gegenwärtigen Forschungsstand kann diese Frage nicht entschieden werden. Es scheint sinnvoll, von einer angeborenen Komponente des Lächelns auszugehen, die sich in der Evolution als nützlich erwiesen haben wird, weil sie bei den Eltern positive Zuwendung und Fürsorgeverhalten auslöst. An der weiteren Ausdifferenzierung des Lächelns in diverse reifere Formen von Lachen wie Kichern, Jubeln oder Juchzen sind mit Sicherheit kognitive Reifungs- und soziale Lernprozesse beteiligt. Wie diese konkret ineinander greifen, ist aber noch nicht vollständig geklärt.

6

Entwicklung im zweiten Lebensjahr

Auch im Laufe des zweiten Lebensjahres sind rapide Entwicklungsfortschritte zu beobachten. Das gilt sowohl für die Motorik (→ Kap. 6.1) als auch für die Bereiche Kognition, Spracherwerb und die kindliche Ich-Entwicklung (→ Kap. 6.2). Wie bauen Kinder Beziehungen zu Bezugspersonen auf? Dieser Frage wird im Folgenden ebenfalls nachgegangen (→ Kap. 6.3). Ein weiteres zentrales Thema ab dem zweiten Lebensjahr ist die Trotzphase (→ Kap. 6.4). Außerdem wird es um die Bedeutung des Spielens gehen, das bereits vor dem zweiten Lebensjahr einsetzt und noch lange danach ein wichtiger Bestandteil kindlicher Entwicklung bleibt. Daraus ergeben sich die Fragen: Welchen Beitrag leistet das Spielen zur kognitiven Entwicklung und zum Aufbau eigener Interessen der Kinder? Dazu wird im Anschluss der aktuelle entwicklungspsychologische Forschungsstand dargestellt (→ Kap. 6.5).

6.1 Motorische Entwicklung

Zu Beginn des zweiten Lebensjahres steht ein Meilenstein in der Entwicklung an: Das Kind lernt laufen. Im ersten Lebensjahr hat sich dieser Entwicklungsschritt vorbereitet. Das Kind hat gelernt, zu sitzen und zu krabbeln, sich an Möbeln hochzuziehen, zu stehen und kann nun mit Unterstützung gehen (→ Kap. 5.1). Um frei laufen zu lernen, müssen allerdings noch einige anderen Voraussetzungen erfüllt sein (vgl. Rauh 1995, S. 237). Der Körperschwerpunkt muss sich aufgrund der Veränderung der Körperproportionen in den vorangegangenen Monaten gesenkt haben, durch die Streckung des Rumpfes und das Wachstum der Beine und Arme. Fuß-, Knie- und Oberschenkelgelenke müssen beweglicher geworden sein und die Muskelkraft muss zugenommen haben. Außerdem müssen die Kinder nun in der Lage sein, ihre Sinneswahrnehmungen besser zu koordinieren, indem sie die Funktionen des Auges, des Gleichgewichtsinns und der Körpersinne miteinander verbinden. Und schließlich müssen sie auch motiviert sein, sich fortzubewegen. Dennoch: Sofern keine neurologischen oder motorischen Probleme bestehen, lernen alle Kinder laufen, das gilt als sicherer Entwicklungsfortschritt.

Die ersten Schritte

Meistens verfolgen die Eltern die Bemühungen ihres Kindes, frei zu gehen, mit großer Anteilnahme und unterstützen es dabei. Sie führen es zunächst an beiden Händen, dann an einer Hand und lassen dann hin und wieder die Hand kurz los. Sobald es die ersten Schritte alleine geschafft hat, ermuntern sie es, weiter zu üben. Zum Beispiel darf es von der Mutter ein paar Schritte zum Vater gehen, der das Kind mit ausgebreiteten Armen in Empfang nimmt. Obwohl Kinder, sofern sie gesund sind, auch ohne elterliche Unterstützung laufen lernen, hat das elterliche Engagement positive Bedeutung für die Bewältigung weiterer Entwicklungsaufgaben. Dem Kind wird dadurch signalisiert, dass es sich auf die Eltern verlassen kann, dass sie ihm immer zur Seite stehen und bei auftauchenden Schwierigkeiten zuverlässig helfen. Dies gilt ebenso für die Unterstützung durch ErzieherInnen oder Tagesmütter, falls das Kind außerhalb der Familie betreut wird.

Auch wenn Kinder nun die ersten Schritte allein und ohne Unterstützung gehen können, manche schon mit zehn, manche erst mit 15 Monaten, heißt das nicht, dass Laufen sofort zu ihrer bevorzugten Fortbewegungsweise wird. Manche Kinder krabbeln noch eine Zeit lang weiter, besonders wenn sie es eilig haben, andere verlangen kategorisch nach der Sicherheit gebenden Hand des Erwachsenen. Da sie noch nicht abrupt stehen bleiben oder ihre Richtung ändern können, passiert es öfter, dass sie das Gleichgewicht verlieren und hinfallen. Zwischen dem 13. und 15. Monat werden die Kinder dann immer sicherer beim Laufen. Sie lernen jetzt auch, einen Ball zu rollen und Bauklötze aufeinander zu setzen.

Treppen steigen

Im Alter von 16 bis 18 Monaten schaffen sie es, eine Treppe hinaufzusteigen, indem sie beide Beine jeweils auf eine Stufe setzen. Etwas später können sie dann die Treppe auch wieder hinabsteigen, dabei müssen sie sich aber noch am Geländer oder an der Hand des Erwachsenen festhalten. Sie können sich jetzt bücken und einen Gegenstand aufheben, mit beiden Beinen hüpfen und auf einen Stuhl klettern. Einen Ball ein kleines Stück zu werfen, ohne dabei das Gleichgewicht zu verlieren, gelingt ihnen jetzt ebenfalls. Den Ball mit einem Fußtritt wegzukicken, bereitet ihnen aber noch etwas Probleme. In diesem Alter haben die Kinder meist Spaß daran, etwas hinter sich her zu ziehen oder etwas vor sich her zu schieben. Rückwärts zu gehen, gelingt ihnen mit 18 Monaten auch immer besser.

Feinmotorik

Im Laufe der zweiten Hälfte des zweiten Lebensjahres verbessern die Kinder ihr gesamtes motorisches Repertoire. Sie laufen schneller, können abrupt anhalten und die Richtung wechseln, auf einem Bein hüpfen, wenn sie sich dabei irgendwo festhalten, frei Treppen steigen und seitwärts gehen. Sie lernen auch, mit dem Ball geschickter umzugehen, zumindest, wenn es um Werfen oder Wegkicken geht. Das Fangen dagegen klappt zunächst nur dann, wenn der Ball auf die bereits ausgestreckten Hände geworfen wird. Auch ihre Feinmotorik verbessert sich: Sie schaffen es jetzt, allein mit dem Löffel zu essen, eine Flüssigkeit zielsicher von einem Becher in einen anderen zu gießen und vier Bauklötze aufeinander zu setzen.

Zu frühes Training bringt nichts

Wenn es um motorische Fähigkeiten oder spezielle sportliche Übungen geht, ist elterlicher Ehrgeiz bis zum Ende des zweiten

Lebensjahres fehl am Platz. Die meisten Physiologen und Psychologen sind sich einig, dass die gesamte körperliche und auch die grundlegende motorische Entwicklung im zweiten Lebensjahr durch innere Reifungsvorgänge bestimmt wird, sofern keine Mangelzustände oder Schädigungen vorliegen. Dies lässt sich anhand von Erfahrungen belegen:

• Durch gezieltes Training spezifischer motorischer Fähigkeiten wird nur wenig bewirkt. Sollte tatsächlich ein Übungsgewinn erzielt werden, so wird dieser von nicht trainierten Kindern sehr schnell aufgeholt.
• Die Kinder der Hopi-Indianer, die ihr erstes Lebensjahr zum großen Teil festgeschnallt auf einem Brett verbringen, entwickeln sich im zweiten Lebensjahr motorisch ganz normal und ohne Verzögerungen.

Es macht wenig Sinn, Kinder vor dem vollendeten zweiten Lebensjahr einem speziellen Training zu unterziehen, denn die biologischen Voraussetzungen müssen vorliegen und die Reifung grundlegender motorischer Fähigkeiten muss abgeschlossen sein.

Erst vom dritten Lebensjahr an erweist sich Training als sinnvoll. Ab da können gezielt spezifische körperliche Fertigkeiten eingeübt werden, die z. B. zur Ausübung von Sportarten wie Skifahren, Tennis oder Turnen erforderlich sind. Alles unter der Voraussetzung, dass das Kind hinreichend motiviert ist und Spaß daran hat. Im Laufe des dritten Lebensjahres erlernen die meisten Kinder von sich aus und ohne spezielle Unterrichtung die wesentlichen Grundformen sportlicher Motorik wie Rennen, Springen, Balance halten, Werfen, Fangen und Klettern. Seine zunehmende Beweglichkeit ermöglicht es dem Kleinkind, seine Umwelt auf immer differenziertere Weise zu erkunden. Jetzt empfiehlt es sich für die Eltern, die Wohnung »kindersicher« zu machen. Dazu gehören die Sicherung von Schubladen, Steckdosen, und Elektrogeräten, das Versperren von Treppen, Fenstern und Türen, das Wegschließen von Medikamenten, Putzmitteln und potenziell gefährlichen Gegenständen (Messer, Schere) und vieles mehr. In Krippen und Kindertagesstätten gehört eine solche kindersichere Einrichtung zu den Selbstverständlichkeiten.

6.2 Kognitive und sprachliche Prozesse, Ich-Entwicklung

Die Kinder erwerben jetzt immer mehr **funktionelles Wissen.** Sie erlernen den richtigen Umgang mit Alltagsgegenständen und deren Bedeutung, benutzen den Löffel zum Essen und verwenden einen Buntstift zum Malen. Aus frühpädagogischer Sicht empfiehlt es sich, die Vorlieben der Kinder für bestimmte Dinge und Beschäftigungen nach Möglichkeit nicht einzuschränken, sondern aufzugreifen und durch ergänzende Angebote anzuregen und zu fördern. Auf diese Weise wird Kindern Gelegenheit gegeben, sich mit den Gegenständen zu beschäftigen, die sie attraktiv finden, und sich mit ihnen selbstständig und ohne äußere Einschränkungen auseinander zu setzen. Forschungsbefunde belegen, dass bei solchermaßen geförderten Kindern die Weichen für den Aufbau selbst gewählter

Die Benutzung des Löffels zum Essen gehört zum funktionellen Wissenserwerb.

Beschäftigungsbereiche gestellt werden, die sich möglicherweise in den kommenden Jahren zu echten Interessenfeldern erweitern (vgl. Kasten 1990).

Über das funktionelle Wissen hinaus entwickeln Kinder im zweiten Lebensjahr *innere Vorstellungen* von ihrer Umwelt (→ Kap. 6.2.1), eng damit verknüpft sind *sprachliche Fortschritte* (→ Kap. 6.2.2) und die *Ich-Entwicklung* (→ Kap. 6.2.3).

6.2.1 Kognition

Vorstellungen entwickeln

Forschungen von Piaget und anderen Entwicklungspsychologen haben ergeben, dass im zweiten Lebensjahr immer differenziertere **innere Vorstellungen** von äußeren Dingen und Vorgängen gebildet werden, so genannte *innere Repräsentationen* (→ Kap. 2.4). Diese Vorstellungen sind zunächst sehr bildhaft, konkret und anschaulich, nehmen aber allmählich immer mehr Symbolelemente in sich auf und weichen dadurch immer stärker von ihrem realen Vorbild ab. Sie beschränken sich nun auf typische oder wesentliche Merkmale. Eine Kirsche wird in der Vorstellung zu etwas Kleinem, Rundem, Roten, das süß schmeckt, ein Messer zu etwas Länglichem, Glänzendem, das die Erwachsenen benutzen, um etwas zu zerkleinern. Voraussetzung für die Ausbildung von Vorstellungen scheint eine gewisse kognitive Reife zu sein. Diese Reife wird wahrscheinlich dadurch ermöglicht, dass bestimmte neuronale Strukturen und Schaltungen in der Großhirnrinde funktionstüchtig werden. Das erfolgt in der Regel schubartig zwischen dem 15. und 18. Lebensmonat. Einige Entwicklungspsychologen (z. B. Keller 2003) heben hervor, dass die Unterscheidung von Figur und Hintergrund (→ Kap. 4.1.2), die bereits beim wenige Wochen alten Säugling nachgewiesen werden kann, eine notwendige Voraussetzung für die spätere Ausbildung von inneren Vorstellungen ist.

Zusammenhänge bilden

Im Laufe des zweiten Lebensjahres zeigen Kinder oft von sich aus Interesse an Abbildungen aller Art. Die Zeit des Bilderbücher-Anschauens und des Bilderlotto-Spielens ist gekommen. In der ersten Hälfte des zweiten Lebensjahres geht es dabei vor allem um das Wiedererkennen vertrauter Umweltobjekte auf dem Bild, denen jetzt auch ein Name gegeben wird, zunächst von Seiten der Eltern oder der ErzieherInnen. Später erkennt das Kind einfache Zusammenhänge und Handlungsabläufe in der Abbildung wieder: Dem Baby auf der Wickelkommode werden die Windeln gewechselt, das Mädchen zieht sich die Schuhe an, die Frau schält eine Apfelsine. Gegen Ende des zweiten Lebensjahres werden dann auch schon kleine Bildergeschichten verstanden. Vorstellungen können nun aktiv erzeugt und ihre Inhalte umgestaltet und abgespeichert werden, d. h. sie werden ins Gedächtnis überführt und nötigenfalls wieder abgerufen. Außerdem ist das Kind jetzt in der Lage, sich rein innerlich mit einfachen Zusammenhängen zwischen Dingen und Menschen seiner Umwelt zu beschäftigen, also nur auf der Vorstellungsebene und ohne auf tatsächlich vorhandene Objekte und Vorgänge Bezug zu nehmen.

Begriffe finden

Die Bedeutung der Sprache für diesen Entwicklungsprozess ist nicht zu übersehen: Stellt die symbolhafte Vorstellung eines Gegenstandes immer noch eine Brücke zum anschaulich Wahrgenommenen her, so fällt diese Brücke mit dem Erlernen eines sprachlichen Begriffs weg. Denn künftig steht er für diesen Gegenstand und kann auch verwendet werden, wenn der Gegenstand nicht mehr da ist. Und Sprache leistet noch mehr. Mit ihrer Hilfe können auch Zusammenhänge und Beziehungen zwischen verschiedenen Gegenständen oder zwischen Gegenständen und Personen (»Was kann ich mit dem Ball tun?«) durch einen Begriff ersetzt werden.

Die Sprache befreit das Kind sozusagen von seiner unmittelbar anschaulich gegebenen Umwelt. Es kann sich damit aus seiner Gegenwart lösen und sich vorstellen, was es z. B. mit einem nicht vorhandenen Ball tun wird.

6.2.2 Sprache

Die Fortschritte beim Spracherwerb im Laufe des zweiten Lebensjahres gehen Hand in Hand mit dem beschriebenen kognitiven Entwicklungsprozess der inneren Vorstellungen. Sie bauen dabei auf die Entwicklungsschritte des ersten Lebensjahres auf. Aus zunächst unartikulierten Lauten wie Schreien oder Weinen hatten sich artikulierte sinnlose Laute (Lallen) gebildet und etwas später auch nachgeahmte ausdruckhaltige Laute (→ Kap. 5.4). Nun sind gegen Ende des ersten Lebensjahres die ersten artikulierten sinnvollen Laute mit Benennungszweck zu registrieren.

Erste Phase des Sprachgebrauchs

Charlotte Bühler, eine der bedeutendsten deutschen Kinder- und Jugendpsychologinnen des frühen 20. Jahrhunderts, nennt diesen Abschnitt die **erste Phase des Sprachgebrauchs**. Laute werden in erster Linie verwendet, um einen Affekt oder Wunsch auszudrücken. Dabei erinnern sie zuweilen nur noch entfernt an ihr Ursprungswort. Beispielsweise sagt das Kind »Butsda« (Ge-

Im zweiten Lebensjahr wächst das Interesse an Bilderbüchern.

burtstag), wenn etwas passiert, was ihm Freude macht, oder bezeichnet mit »Aua« Dinge, die ihm Unbehagen oder Schmerzen bereiten. Während dieser ersten Phase drückt das Kind mit Hilfe der von ihm verwendeten Laute vor allem emotionale Zustände aus, bezieht sich dabei aber auch auf Sachen und Personen. Damit erhält seine Sprache bereits eine kommunikative Funktion, auch wenn diese recht beschränkt ist, weil sein Wortschatz auf dieser Entwicklungsstufe höchstens ein paar Dutzend sinnvolle Silben und Laute umfasst.

Zweite Phase des Sprachgebrauchs

Die **zweite Phase des Sprachgebrauchs** beginnt meist um die Mitte des zweiten Lebensjahres. Ihr Beginn ist von einer rapiden Zunahme der Wortproduktion gekennzeichnet. Linguisten sprechen von einer *Benennungsexplosion*. Zuweilen sind es bis zu 50 neue Wörter, die in einer Woche dazukommen. Das Kind scheint jetzt allmählich zu verstehen, dass der Begriff und das durch ihn Bezeichnete dasselbe sind. Das zeigt sich darin, dass es von sich aus wissen will, wie dieser oder jener Gegenstand heißt. Außerdem erwähnt es nun Objekte, Personen und Sachverhalte, die gerade abwesend sind, z. B.: »Papa wegfahren«, »Tick-tack kaputt«, »Karin 'pielen.« Überwiegend verwendet das Kind dabei noch Ein-Wort- und Zwei-Wort-Äußerungen, die teilweise nur von Insidern verstanden werden, die mit den originellen Sprachproduktionen bereits vertraut sind, wie Eltern, ErzieherInnen oder ältere Geschwister.

6.2.3 Ich-Entwicklung

Sprache ermöglicht den knapp Zweijährigen bereits eine *Verdinglichung* von Eigenschaften, Merkmalen und Vorgängen, die ursprünglich gebunden waren an bestimmte Objekte. Durch die Verwendung von Wörtern können diese Merkmale wie eigenständige Phänomene behandelt werden, mit denen sich die Kinder in der Vorstellung weiterbeschäftigen können, auch wenn die Objekte gar nicht mehr vorhanden sind. Für eine Reihe von Entwicklungspsychologen ist diese Funktion von Sprache Ausgangspunkt und Ursache der **kindlichen Ich-Entwicklung.** Durch die Sprache haben Kinder die Möglichkeit, nicht nur Dinge und andere Personen, sondern auch sich selbst zu benennen, zunächst mit ihrem Rufnamen. Das passiert in der Regel zu Beginn des zweiten Lebensjahres, also ungefähr zur selben Zeit, in der die Eltern hocherfreut auf das erste »Mama« oder »Papa« ihres Kindes reagieren. Sicherlich ist es von da aus noch ein weiter Weg bis zur Ausbildung eines Selbstbildes und eines reflektierten Selbstkonzeptes. Der Anfang ist jedoch gemacht und ein weiterer wichtiger Meilenstein wird meist gegen Ende des zweiten Lebensjahres mit der erstmaligen Verwendung des Personalpronomens »Ich« erreicht.

Spiegel-Ich

Interessant zur Erforschung der kindlichen Ich-Entwicklung, sind die Untersuchungen zum **Spiegel-Ich,** in deren Mittelpunkt die Frage steht, wie Kinder verschiedener Altersstufen auf ihr Spiegelbild reagieren.

• **6. bis 12. Lebensmonat:** Im Alter von sechs bis acht Monaten werden Kleinkinder auffällig aktiver, wenn sie sich im Spiegel erblicken; diese Tendenz nimmt bis zum zwölften Monat noch zu. Vermutet wird, dass es den Kindern Freude macht, etwas zu bewirken. Denn es bleibt ihnen nicht verborgen, dass jede von ihnen ausgeführte Bewegung auch vom Spiegel-Ich vollzogen wird. Häufig kann auch das so genannte *Playmate-Verhalten* beobachtet werden. Die Kinder verhalten sich ihrem Spiegelbild gegenüber so, als würde es sich um einen Spielkameraden handeln. Sie lächeln ihm zu, berühren ihn, wollen ihm etwas geben, spielen »Guck-guck-da« mit ihm, kurz: sie behandeln ihr Spiegelbild wie ihren Zwilling.

- **13. bis 18. Lebensmonat:** Erst zu Beginn des zweiten Lebensjahres begreifen Kinder allmählich, dass auch hinter dem Spiegel noch Dinge sind und z. B. auch Personen hinter dem Spiegel hervorkommen können. Doch es kann durchaus auch Dreijährigen noch passieren, dass sie versuchen, in einen Spiegel hineinzugehen, um sich etwas zu holen, das sie in ihm gesehen haben. Das Ausdrucksverhalten, das Kinder im Laufe des zweiten Lebensjahres ihrem Spiegelbild gegenüber an den Tag legen, variiert über eine breite Spanne. Viele Forscher beschreiben es als gehemmt, scheu, verunsichert und vermeidend bis zum 18. Lebensmonat.
- **19. bis 24. Lebensmonat:** Die Befangenheit nimmt allmählich ab und es dauert nicht mehr lange, bis die Kinder erkennen, dass sie selbst das Spiegelbild sind. Meist ist das zwischen dem 21. und 24. Monat der Fall.

Rouge-Test

Mit Hilfe des **Rouge-Tests** (z. B. Bischof-Köhler 1989) konnte überzeugend nachgewiesen werden, dass sich Kinder gegen Ende des zweiten Lebensjahres selbst im Spiegel erkennen. Die Versuchsleiterin setzt sich mit dem Kind vor den Spiegel, tupft seine Hand vorsichtig in einen Topf mit roter Farbe und führt die Hand an seine Stirn. Diese ziert nun ein roter Fleck, der natürlich auch auf der Stirn des Spiegelbildes erscheint. Diese Demonstration überzeugt die meisten knapp Zweijährigen und sie zweifeln nicht mehr daran, dass nur sie selbst das Kind im Spiegel sein können. Der Test wird übrigens auch von Schimpansen und anderen Menschenaffen bestanden.

Spiegelbild und Empathie

Die Münchner Entwicklungspsychologin Doris Bischof-Köhler hat in ihrer Arbeit »Spiegelbild und Empathie« Anhaltspunkte dafür gefunden, dass gleichzeitig mit der Fähigkeit, sich selbst im Spiegel zu erkennen, auch Vorläuferformen von Einfühlungsvermögen und Perspektivenübernahme auftreten. Bei dieser frühkindlichen Empathie scheint es sich allerdings noch um ein Phänomen zu handeln, dass vorrational und spontan auftritt, also ohne Beteiligung des Verstandes. Solche Empathie ist aber mehr als bloße Gefühlsansteckung, die bereits bei wenige Wochen alten Säuglingen beobachtet werden kann. Schon Charlotte Bühler (1928) berichtete davon, dass in der Neugeborenenstation eines Wiener Krankenhauses in schöner Regelmäßigkeit alle Säuglinge vom Weinen eines Kindes angesteckt wurden und ebenfalls zu weinen begannen. Bei eineinhalb- oder zweijährigen Kindern kann Empathie zwar durchaus als spontane Gefühlsansteckung in Gang gebracht werden, jedoch können die Kinder in diesem Alter schon unterscheiden, dass es sich nicht um ihr eigenes Gefühl handelt, sondern um das einer anderen Person, mit der sie mitfühlen oder sich sogar identifizieren. In diesem Alter ist Empathie eine rein emotionale Angelegenheit, d.h. die Kinder versetzen sich noch nicht verstandesmäßig in die Lage des anderen und denken auch noch nicht darüber nach, was sie an dessen Stelle fühlen würden oder was sie tun könnten, damit es ihm wieder besser geht. Eine solche kognitive Rollenübernahme ist frühestens im vierten Lebensjahr zu beobachten.

Die Begegnung mit dem eigenen Spiegelbild.

6.3 Bindung an Bezugspersonen

Im Laufe des zweiten Lebensjahres nimmt das Interesse an anderen Kindern zu. Das Kleinkind weiß zwar noch nicht viel mit ihnen anzufangen, ist aber gerne mit ihnen zusammen. Einen immer größeren Stellenwert bekommen nun auch regelmäßig wiederkehrende Ereignisse, an deren teilweise ritualisierter Durchführung das Kind großes Interesse zeigt und die es von sich aus einfordert. So will es z. b. der Mutter zuwinken, wenn sie mit dem Auto die Garage verlässt, nach dem Mittagessen das Fläschchen mit dem Tee überreicht bekommen, beim Zubettgehen den Gute-Nacht-Kuss in Empfang nehmen.

Die Reaktionen auf Trennungen von der Hauptbezugsperson und deren Verarbeitung gewinnen in diesem Entwicklungsabschnitt besondere Bedeutung. Initiiert durch die Arbeiten von John Bowlby (1984) und Mary Ainsworth u. a. (1978), hat dieses *Bindungsverhalten* in der Forschung große Beachtung gefunden. Es erlaubt eine Einteilung in *Bindungsklassen* (→ Kap. 6.3.1) und die Beurteilung der *Bindungsqualität* (→ Kap. 6.3.2). Das kindliche Bindungsverhalten verdient auch in der *außerfamiliären Betreuung* Beachtung(→ Kap. 6.3.3).

Bindungsverhalten als Auslöser von Fürsorge

Manche Kinder reagieren emotional sehr heftig mit Angst und Trauer, wenn sie von ihrer Mutter für kurze Zeit oder auch länger verlassen werden, z. B. beim Krippenbesuch. Andere Kinder zeigen kaum emotionale Regungen. Bowlby und Ainsworth sind der Ansicht, dass die Reaktionen der Kinder auf Trennungen von ihren Bezugspersonen Hinweise enthalten auf die Qualität ihrer Bindung an diese. Für Bowlby ist **Bindungsverhalten** genetisch verankert und hat die Funktion, Fürsorgeverhalten auszulösen. Das

Fundament der Bindungsqualität wird bereits im Verlauf des ersten Lebensjahres gelegt, nämlich dann, wenn sich Personpermanenz (→ Kap. 5.3) aufgebaut hat und das Kind ausdrücken kann, dass es seine Bezugsperson vermisst. Damit bauen sich die Grundlagen seines späteren Bindungsverhaltens auf. Doch erst gegen Ende des dritten Lebensjahres, wenn das Kind emotional ein Stück weit abgenabelt ist und die enge Symbiose mit der Mutter beendet wurde, erreicht das Bindungsverhalten seinen Zenit. Das Kind ist nun in der Lage, durch sein Verhalten zielgerichtet das Fürsorgeverhalten der Bezugsperson zu beeinflussen.

Fremde-Situation-Test

Mary Ainsworth entwickelte den **Fremde-Situation-Test**, mit dessen Hilfe die Qualität der Bindungsbeziehung anhand des kindlichen Verhaltens in einer fremden Situation untersucht werden kann. Der Test wird im Idealfall in einem durch Einwegscheiben beobachtbaren Raum durchgeführt und gliedert sich in acht Phasen von jeweils drei Minuten Dauer.

* **Phase 1:** Mutter und Kind werden von der Versuchsleiterin oder dem Versuchsleiter in den Raum geführt, die/der die Situation hinter der Einwegscheibe weiter beobachten wird. Die Mutter setzt ihr Kind auf eine Matte am Boden, auf der verschiedenes Spielzeug ausgebreitet worden ist.
* **Phase 2:** Mutter und Kind bleiben allein im Raum. Während die Mutter in einer Zeitschrift liest, kann sich das Kind mit dem Spielzeug und der Umgebung beschäftigen.
* **Phase 3:** Eine fremde Frau tritt ein, setzt sich zur Mutter an den Tisch, unterhält sich mit ihr und befasst sich derweil auch mit dem Kind.
* **Phase 4:** Die Mutter verlässt den Raum unauffällig, während die fremde Frau mit dem Kind allein bleibt und versucht, auf dieses einzugehen. Nötigenfalls tröstet sie das Kind auch.

- **Phase 5:** Die Mutter kommt zurück und die fremde Frau verlässt den Raum wieder. Die Mutter beschäftigt sich mit ihrem Kind und spielt mit ihm, wenn es möglich ist.
- **Phase 6:** Die Mutter verabschiedet sich vom Kind und verlässt den Raum wieder; das Kind bleibt allein zurück.
- **Phase 7:** Die fremde Frau tritt wieder ein. Sie versucht, das Kind zu trösten, falls es nötig ist.
- **Phase 8:** Die Mutter kommt zurück in den Raum und die Fremde verlässt den Raum wieder.

Bei Ainsworth findet sich eine Reihe von Hinweisen zur konkreten Durchführung des Fremde-Situation-Tests. Die Mutter, die ihr Kind von draußen durch die Einwegscheibe beobachtet, kann nötigenfalls entscheiden, die vorgesehene Dauer von drei Minuten pro Phase zu verkürzen. Das gilt vor allem für die Phasen vier, fünf, sechs und sieben. Zur näheren Einschätzung der Qualität der Bindung wird in erster Linie das Ausdrucksverhalten des Kindes in Phase fünf beurteilt, wenn die Mutter nach der ersten Trennung zurückkommt, und in Phase acht, wenn die Mutter nach der zweiten Trennung zurückkommt. Dazu stehen vier siebenstufige Skalen zur Verfügung, auf deren Grundlage folgende Verhaltensdimensionen eingeschätzt werden:

- Suche nach Nähe
- Kontaktverhalten
- Widerstand gegen Körperkontakt
- Vermeidungsverhalten.

Die auf den Einzelskalen erreichten Werte bilden, eingebettet in den Gesamteindruck, die Basis für eine Zuordnung der Bindungsqualität zu den im Folgenden beschriebenen vier Klassen.

6.3.1 Bindungsklassen

Es wird zwischen vier **Bindungsklassen** unterschieden. Wie sich das Bindungsverhalten in diesen Klassen A, B, C und D unterscheidet, ist anhand des kindlichen Verhaltens im oben beschriebenen Fremde-Situation-Test nachzuvollziehen:

- **(A) Vermeidend-unsicher:** Das Kind zeigt einen eingeschränkten Gefühlsausdruck. Es meidet die Nähe der Mutter und zeigt kaum Betroffenheit bei der Trennung, erweist sich aber als neugierig und explorativ im Hinblick auf das Spielzeug und die neue Umgebung. Bei der Rückkehr wird die Mutter ignoriert oder nur distanziert begrüßt. Der Kontaktaufnahme von Seiten der Mutter wird sich nicht widersetzt; das Kind lässt sie über sich ergehen, unentspannt und ohne sich anzuschmiegen; die Mutter wird ähnlich wie die fremde Frau behandelt. Wenn physiologische Messungen erfolgen, erweist sich das dieser Bindungsklasse zugeordnete Kind regelmäßig als am stärksten gestresst und erregt, es braucht auch am längsten, um sich wieder zu beruhigen.
- **(B) Sicher:** Die gefühlsmäßige Betroffenheit ist deutlich zu sehen; Nähe zur Mutter und Kommunikation mit ihr werden gesucht; das Kind lässt sich rasch beruhigen und trösten, aber nicht von der fremden Frau und ist sehr neugierig und explorativ in der fremden Situation.
- **(C) Ambivalent-unsicher:** Die starke gefühlsmäßige Betroffenheit wird deutlich ausgedrückt; Suche nach Nähe wird gemischt mit Ärger und Kontaktwiderstand. Das Kind zeigt in der fremden Situation weitgehende Passivität, d. h. es finden wenig Erkundungen des Spielzeugs und der neuen Umgebung statt. Das Kind lässt sich nach der zweiten Trennung von der Mutter nur schwer trösten oder beruhigen.

Auf der Grundlage weiterer Daten erwies es sich später als notwendig, eine weitere Bindungsklasse zu unterscheiden:

- **(D) Desorganisiert-desorientiert:** Das Kind zeigt bizarre Verhaltensweisen wie z. B. Einfrieren der Mimik, Grimassen schneiden oder Erstarren. Darüber hinaus sind widersprüchliche Bindungsstrategien zu beobachten, wie: Abbruch, Wiederaufnahme und erneuter Abbruch des Nähe- und Kontaktsuchens; dazwischen aber auch hin und wieder Verhalten, das einer der anderen Bindungsklassen (A, B oder C) zugeordnet werden kann.

In den letzten 25 Jahren wurden in vielen Ländern Untersuchungen durchgeführt, teilweise auch mit älteren, bis zu sechs Jahre alten Kindern, dabei wurde die Trennungsdauer auf bis zu eine Stunde ausgedehnt. Erwähnenswert sind folgende Ergebnisse: Die Mehrzahl der untersuchten Kinder wies eine sichere Bindung auf, konnte also der Bindungsklasse B zugeordnet werden. In den USA und den europäischen Ländern ist daneben die Bindungsklasse A (vermeidend-unsicher), in Japan und Israel die Bindungsklasse C (ambivalent-unsicher) häufiger anzutreffen. Hier wirken sich möglicherweise unterschiedliche Erziehungsstile und Sozialisationspraktiken aus. Die Bindungen der Kinder zu anderen Bezugspersonen, z. B. dem Vater, können eine andere Qualität aufweisen als die zur Hauptbezugsperson, das ist meist die Mutter.

> Bei »Bindung« handelt es sich nicht um eine Persönlichkeitseigenschaft des Kindes, sondern um ein durchaus variables Beziehungsmerkmal, das sich im Laufe der Zeit auch wandeln kann.

6.3.2 Einflüsse auf die Bindungsqualität

Besonders schwer wiegende, für das Kind schwierig zu verarbeitende Lebensereignisse, z. b. eine langwierige, lebensbedrohende Erkrankung eines Familienmitglieds, führen nicht selten zu einer Verschlechterung der **Bindungsqualität**. Insgesamt aber erweist sich die Bindungsqualität als ein sehr stabiles Merkmal, auf dessen Grundlage sich z. B. problematisches Verhalten im Vorschulalter voraussagen lässt. Kinder, die als Ein- oder Zweijährige als **unsicher gebunden** eingestuft wurden, zeigen in der Regel Anpassungs- und Verhaltensprobleme im Kindergarten. Dagegen erweisen sich zu einem früheren Zeitpunkt als **sicher gebunden** eingeschätzte Kinder als durchweg sozial kompetent, d. h. sie kommen im Kindergarten und mit Gleichaltrigen besser zurecht, können auch mit Konflikten und Streitigkeiten umgehen, ohne übermäßig aggressiv zu werden, und meistern schwierige Situationen sicherer.

Die Feinfühligkeit und Sensibilität der Eltern im Umgang mit ihrem Kind im Laufe des ersten Lebensjahres spielt eine wesentliche Rolle für die Qualität der sich entwickelnden Bindung. Eltern, die auf ihren Säugling in den ersten Lebensmonaten prompt und feinfühlig reagieren, haben mit großer Wahrscheinlichkeit gegen Ende des ersten Lebensjahres ein sicher gebundenes Kind. Inkonsistentes elterliches Verhalten – d. h. phasenweise große Sensibilität, Wärme und Herzlichkeit, phasenweise geringe Ansprechbarkeit und Erreichbarkeit – begünstigt dagegen die Entstehung einer Bindung vom Typ C (ambivalent-unsicher). Reagieren Mütter und Väter mit wenig Sensibilität und Einfühlung auf die Bedürfnisse ihrer Kinder und fühlen sie sich oft überfordert und nicht in der Lage, sich ihnen angemessen zuzuwenden, so entwickeln deren Kinder oft eine Bindung vom Typ A (vermeidend-unsicher). Am wenigsten sensibel und einfühlsam verhalten sich in den ersten Lebensmonaten die Mütter und Väter von Säuglingen, die gegen Ende des ersten Lebensjahres eine Bindung vom Typ D (desorganisiert-desorientiert) ausbilden.

Bei der Entwicklung von Bindungstypen muss allerdings im Auge behalten werden, dass Säuglinge sich teilweise schon von Geburt an sehr unterschiedlich verhalten. Es gibt »Schreikinder« (→ Kap. 4.2.5) und eher »pflegeleichte« Kinder, die wenig quengeln, meist zufrieden sind und schon bald nachts durchschlafen. Hier wirken sich wahrscheinlich unterschiedliche Anlagen und möglicherweise auch intrauterine Einflüsse aus. Mütter und Väter von Schreikindern dürften es viel schwerer haben, gleichbleibend sensibel und herzlich auf alle Bedürfnisse ihrer Kinder einzugehen, als Eltern von »pflegeleichteren« Kindern.

Die Feinfühligkeit der Mutter entscheidet mit über die Qualität der Bindung.

6.3.3 Bedeutung der Bindung für die außerfamiliäre Betreuung

Gegenwärtig wird wieder einmal über das Für und Wider der **frühkindlichen Betreuung außerhalb der Familie** diskutiert. In dieser Diskussion sollten die von Bindungsforschern gewonnenen Einsichten angemessen berücksichtigt werden. In Deutschland werden in der Regel Kinder, die das erste Lebensjahr noch nicht vollendet haben, in Krippen, bei Tagesmüttern oder in anderen Pflegeeinrichtungen nur dann untergebracht, wenn es für die betroffenen Familien oder Alleinerziehenden keine andere Möglichkeit gibt.

In vielen anderen europäischen Ländern, wie etwa in Frankreich, wird die außerfamiliäre Betreuung von zum Teil wenige Wochen alten Babys sehr viel selbstverständlicher in Anspruch genommen; in diesen Ländern gibt es auch wesentlich mehr entsprechende Einrichtungen. Kleinstkindbetreuung außerhalb der Familie hat demnach auch etwas mit gesellschaftlicher Bewertung zu tun. So gelten bei uns Mütter, die ihre Babys in Krippen geben, verbreitet als »Rabenmütter«.

Die Risiken der außerfamiliären Betreuung sind bei sehr jungen Kindern größer als bei Ein- oder Zweijährigen, darin sind sich die Fachleute einig. Das gilt in besonderem Maße dann, wenn die außerfamiliäre Betreuung keine qualitativ hochwertige ist und die Kleinkinder keine sichere Bindung an ihre Hauptbezugsperson aufweisen. Es lässt sich eindeutig belegen, dass sich sicher gebundene Einjährige an die täglich mehrstündige oder ganztägige Trennung von ihrer Hauptbezugsperson leichter gewöhnen, als unsicher gebundene Zweijährige. Für unsicher gebundene Kleinkinder gilt generell, dass sie sich schwerer tun, die periodische Abwesenheit der Mutter oder einer anderen Hauptbezugsperson zu akzeptieren und angemessen zu verarbeiten.

Andererseits kann die außerfamiliäre Betreuung, sofern ihre Qualität gut oder zumindest befriedigend ist, Beeinträchtigungen des Familiensystems und negative Auswirkungen auf das Kind auffangen und abschwächen. Qualität ist dabei immer auch eine Sache der Quantität: Eine liebevolle, einfühlsame Tagesmutter, die sich bemüht, eine positive Beziehung zu den wenigen ihr anvertrauten Kleinkindern aufzubauen, oder eine Kinderkrippe mit einem günstigen Personalschlüssel von z. B. 1:5 (auf eine Erzieherin kommen fünf Kinder), stellen den betroffenen Familien günstige Ausgangsbedingungen zur Verfügung. Es muss aber leider konstatiert werden, dass die heute im Durchschnitt in Deutschland zur Verfügung stehenden Einrichtungen zur Betreuung der unter Dreijährigen bei weitem nicht ausreichen und von einer wirklich hochwertigen Betreuungsqualität teilweise noch weit entfernt sind. Betroffene Eltern sollten sich dieser Tatsache bewusst sein und sich sorgfältig über die Betreuungsmöglichkeiten in ihrem Umfeld informieren.

6.4 Trotzphase

Wie aus heiterem Himmel, und für die Eltern meist völlig überraschend, beginnt das Trotzalter. Ohne ersichtlichen Grund gerät das Kind in Wut, bekommt einen hochroten Kopf, schreit laut »Nein«, wirft sich auf den Boden, tobt und schlägt wild um sich. Auf jeden Versuch der Beruhigung reagiert es mit noch lauterem Schreien und noch wilderem Um-sich-Schlagen. Die Eltern stehen diesem Verhalten meist hilflos gegenüber, können sich den Wutanfall nicht erklären und warten im günstigen Fall ab, bis sich das Kind von selbst wieder beruhigt hat. Im ungünstigeren und häufigeren Fall bemühen sie sich um das Kind, reden mehr oder weniger heftig auf es ein und verlieren dabei selbst die Fassung. Was geht in den Kindern vor (→ Kap. 6.4.1)? Was lernen sie aus Konflikten in der Trotzphase (→ Kap. 6.4.2) und wie können sich Eltern und ErzieherInnen verhalten (→ Kap. 6.4.3)?

6.4.1 Was geht in Kindern während der Trotzphase vor?

Was ist passiert? Wie gerät das Kind in so eine extreme Gefühlssituation? Es kommen in diesem Alter einige Entwicklungsfaktoren zusammen, welche die Auslösung eines Trotzanfalls mit bedingen: Zum einen entdeckt das Kind, meist zwischen dem 18. und 24. Lebensmonat, sein »Ich«. Es erlebt sich immer stärker als eigene Person mit eigenen Gefühlen und eigenem Willen. Vor wenigen Wochen noch konnte es sich manchmal gar nicht entscheiden, wenn es sich vor die Wahl gestellt sah, mit dem Hund im Garten herumzutollen oder mit seiner Schwester im Haus zu spielen. Es hatte Probleme damit, sich für eine von zwei attraktiven Spielideen zu entscheiden. Und jetzt plötzlich weiß es genau, was es will, und hat eine klare Vorstellung von der Alternative, für die es sich entschieden hat. Wehe, wenn ihm jetzt jemand dabei in die Quere kommt, vielleicht nur mit der Bitte, sich noch etwas zu gedulden, zuerst müsse man doch nach Hause zurückfahren oder bezahlen und das Geschäft verlassen oder warten, bis die kleine Schwester ihren Mittagsschlaf beendet habe. Das Kind verweigert jede Kooperation und gerät augenblicklich aus der Fassung, wenn nicht sofort alles nach seinem Kopf geht.

Ohnmächtige Wut

Sein Widerstand und seine Ablehnung jedes konstruktiven Vorschlags sind allerdings nicht bewusst gesteuert. Sie erfolgen vielmehr automatisch und reflexartig, weil das Kind einfach noch nicht in der Lage ist, die zeitliche Verschiebung der Handlungsalternative, für die es sich entschieden hat, zu verkraften. Sein ganzer Wille und sein ganzes Streben trachten nach sofortiger Verwirklichung der ins Auge gefassten Handlungen. Leider manövriert sich das Kind mit seinem Widerstand meist in eine Sackgasse, aus der es selbst nicht wieder herauskommt; schon gar nicht, wenn seine ohnmächtige Wut über ihm zusammenschlägt, seine verzweifelte Wut auf alles und jeden, das bzw. der ihn davon abhält, sein Handlungsziel zu erreichen.

Eltern und ErzieherInnen hilft es wenig, wenn sie sich gerade mit einem Trotzanfall eines Kleinkindes konfrontiert sehen, über die Auslöser und den psychologischen Hintergrund solcher Wutanfälle nachzudenken. Vielleicht nützt es ihnen schon mehr, wenn sie sich in dieser Situation klar machen, dass sich das Kind nicht bewusst für einen Wutausbruch entscheidet, sondern gar nicht anders kann, als so zu reagieren. Und vielleicht hilft es ihnen auch, wenn sie ihr Augenmerk nicht nur auf die Verweigerungshaltung des Kindes richten, sondern auch die Verzweiflung und Hilflosigkeit wahrzunehmen versuchen, die in jedem Trotzanfall mit zum Ausdruck kommen.

> Wenn Kinder ihren Gefühlszustand, der für diese Entwicklungsphase charakteristisch ist, in Worten ausdrücken könnten, würden sie vielleicht sagen: »Alles ist durcheinander und nichts passt mehr. Ich kann MICH, DICH und die WELT nicht fassen und darum verliere ich mich in Wutausbrüchen, die mir helfen, mit meiner Verzweiflung fertig zu werden!« (vgl. Webfamilie Deutschland 2002, S. 6).

Hilflosigkeit

Es lohnt sich, noch etwas genauer zu betrachten, was sich im knapp zweijährigen Kind abspielen könnte, bevor es wütend wird und einen Trotzanfall bekommt. Es will etwas, stellt aber sehr schnell fest, dass es selbst noch nicht fähig ist, seinen Willen in die Tat umzusetzen. Auch die Eltern oder die ErzieherInnen, die es sonst immer als unterstützend und kooperativ erlebt hat, scheinen ihm nicht helfen zu wollen. Alles Beharren und Signalisieren, wie wichtig ihm die Angelegenheit ist, bewirkt nichts – und dass sie ihm ungeheuer wichtig ist, erklärt sich schon aus der Tatsache, dass es sich noch gar nicht vorstellen kann, sie auf einen späteren Zeitpunkt zu verschieben. Mit dem Gefühl, dass ihm alle seine Bemühungen nichts nützen, wächst seine Erregung und auch seine negative Spannung und Frustration, die sehr schnell einen Punkt erreicht, an dem sie unerträglich wird und ein Ventil sucht. Und die einzige Möglichkeit zur Entladung, die dem Kind in diesem Alter zur Verfügung steht, ist der Ausdruck von Enttäuschung, Wut, Ärger und Aggression. Manche Fachleute vergleichen die zuweilen extremen Ausbrüche des Kindes auf dieser Altersstufe mit Panikzuständen. Das heißt, es ist in einer solchen Situation nicht mehr in der Lage, den Überblick zu behalten, verliert die Kontrolle, ist hilflos, verzweifelt und gerät völlig aus dem Gleichgewicht.

> Ihre Stärke beweisen Eltern und ErzieherInnen, indem sie während eines Trotzanfalls präsent, aber passiv bleiben, bis sich das Kind ein wenig beruhigt hat.

Streben nach Autonomie

Aus psychologischer Sicht spielt sich in der erfolgreich gemeisterten Trotzphase ein wichtiger Entwicklungsschritt ab: Das Kind löst sich allmählich aus der symbiotisch engen Beziehung zur Mutter oder einer anderen Hauptbezugsperson und wird Stück für Stück etwas selbstständiger bzw. autonomer. Die Trotzphase, die normalerweise gegen Ende des zweiten Lebensjahres beginnt und meist im Laufe des vierten Lebensjahres abklingt, könnte also auch **Autonomiephase** genannt werden. Sie wird, im Hinblick auf den sich abspielenden Ablösungsprozess, oft verglichen mit der Phase der Pubertät, in der sich ja eine weitere, meist wesentlich konfliktreicher verlaufende Ablösung vollzieht, in deren Verlauf aus Kindern Jugendliche und junge Erwachsene werden.

Trotzphase als kritische Entwicklungsphase

Auf die Tatsache, dass Entwicklung auch begriffen werden kann als Aufeinanderfolge von kritischen und stabilisierenden Lebensereignissen, haben vor allem Psychologen aufmerksam gemacht, die sich mit Entwicklungsunregelmäßigkeiten und -störungen beschäftigt haben (z. B. Filipp 1990). Kritische Lebensereignisse werden definiert als Ereignisse, die vorübergehend eine Labilisierung und Beeinträchtigung der Entwicklung bewirken. So kann die Trotzphase als **kritische Entwicklungsphase** gesehen werden. Stabilisierende Ereignisse, beispielsweise ein neu gewonnener, etwas älterer Spielfreund, bringen dagegen einen Entwicklungsprofit. Ereignisse sind dabei in der Regel plötzliche Veränderungen in der persönlichen Umwelt, z. B. durch Trennung der Eltern oder Geburt eines Geschwisters, können aber auch von innen gesteuert sein wie das Zahnen oder eine endogen bedingte Krankheit. Es hat sich bewährt, zwischen kritischen Lebensereignissen, die sich »on time« und solchen, die sich »off time« abspielen, zu unterscheiden. Ereignisse sind »on time«, wenn sie in einem bestimmten Entwicklungsabschnitt relativ häufig vorkommen, z. B. Wechsel der Betreuung oder Eintritt in den Kindergarten. Ereignisse sind »off time«, wenn sie in einer Entwicklungsphase eher die Ausnahme sind, z. B. eine lebensbedrohende Erkrankung oder der Tod eines Elternteils oder Geschwisters.

6.4.2 Was lernen Kinder aus Konflikten in der Trotzphase?

In Abhängigkeit davon, wie Eltern oder ErzieherInnen mit Konflikten während der Trotzphase umgehen, lernen Kinder unterschiedliche Dinge, die jedoch für ihren späteren Umgang mit Konflikten, Autoritäten und negativen Gefühlen sehr bedeutsam sind. So lernen sie z. B., dass

* Konflikte und Auseinandersetzungen zum Alltag gehören, nichts Bedrohliches sind und gelöst werden können.
* Konflikte starke Spannungen mit sich bringen, die sich aber ertragen lassen und auch reguliert werden können.
* Konflikte nicht verdrängt oder durch andere Tätigkeiten abreagiert werden brauchen.
* Konflikte, wenn sie gemeinsam bewältigt wurden, dazu beitragen können, die Beziehung zu vertiefen.

- sie auch negative Gefühle äußern dürfen, ohne gleich bestraft, kritisiert oder im Stich gelassen zu werden.
- sie von Eltern oder ErzieherInnen auch nach Konflikten weiter gemocht werden und dass die ihnen sogar dabei behilflich sind, ihre Gefühle auszudrücken und in Worte zu fassen.
- es gut ist, eigene Erfahrungen zu machen, auch wenn es nicht immer Spaß macht und manchmal sogar Enttäuschungen bereitet.
- es wichtig und gut ist, einen eigenen Willen auszubilden, manchmal auch gegen den Widerstand anderer, die klüger und mächtiger sind.
- der eigene Willen sie in die Lage versetzt, eigene Entscheidungen zu treffen, es aber auch mit sich bringt, für sich ergebende Konsequenzen einzustehen.

Ob Kinder in der Trotzphase tatsächlich solch positive Lernerfahrungen machen können, hängt, wie bereits erwähnt, stark vom Verhalten ihrer erwachsenen Bezugspersonen ab. Um dieses Verhalten soll es im Folgenden gehen.

6.4.3 Wie können sich Eltern und ErzieherInnen verhalten?

Patentrezepte sind leider nicht zu vergeben, wenn es um das richtige Verhalten angesichts von Trotzanfällen geht. Dennoch gibt es Ansatzpunkte für Eltern und ErzieherInnen, die wissen, dass es sich hier um eine Entwicklungsphase handelt, in der der kindliche Wille zum ersten Mal in Erscheinung tritt. Die Reflexion eigener Autoritätserfahrungen ist ein solcher Ansatzpunkt.

Eigene Autoritätserfahrungen reflektieren

Am Anfang steht das Nachdenken über die **Erfahrungen mit Autorität** und mit Autoritätspersonen, die jeder selbst in seiner Kindheit und auch später gemacht hat. Warum ist diese Reflexion der eigenen Autoritätserfahrungen so wichtig? In den Auseinandersetzungen, die sich zwischen Eltern oder ErzieherInnen und Kleinkindern im Gefolge von Trotzanfällen abspielen, geht es um das Thema Autorität: Soll man dem Willen der Kinder nachgeben und die jeweils artikulierten Wünsche unterschiedslos erfüllen? Oder soll man den Kindern konsequent und kompromisslos Grenzen setzen, damit sie von klein auf Gehorsam lernen? Von ErzieherInnen wird hier ein reflektiertes Verhalten erwartet, das die Auseinandersetzung mit eigenen Erfahrungen voraussetzt.

Für welche Alternative Eltern sich entscheiden, oder ob sie den goldenen Mittelweg wählen, ist auch davon abhängig, welche eigenen Erfahrungen im Umgang mit Autorität sie früher gemacht haben und vielleicht heute noch machen. Je weniger sie sich mit ihren eigenen Erfahrungen auseinandergesetzt haben, desto wahrscheinlicher ist es, dass sie sich ähnlich verhalten wie ihre eigenen Eltern früher. Es finden sich z. B. Belege dafür, dass sehr autoritär erzogene Eltern, denen in ihrer Kindheit Gewalttätigkeiten, körperliche Züchtigungen und Misshandlungen nicht erspart blieben, oft dazu neigen, in der Erziehung ihrer eigenen Kinder einen ähnlich autoritären Erziehungsstil und gewaltförmige Disziplinierungstechniken einzusetzen. Es gibt auch Hinweise darauf, dass Eltern, die in ihrer beruflichen Situation lediglich Befehlsempfänger sind und keine Eigenverantwortung tragen, mit ihren Kindern ähnlich umgehen wie ihr Chef mit ihnen in ihrem Berufsalltag. Andererseits gibt es auch die Beobachtung, dass Eltern von den eigenen Kindern seltener Unterordnung und Gehorsam verlangen, wenn sie selbst frühkindliche Erfahrungen mit partnerschaftlichen Eltern gemacht haben oder einen Beruf ausüben, in dem selbstbestimmtes Handeln und Verantwortung gefordert werden. Die skizzierten Zusammenhänge folgen jedoch nicht einem 1:1-Gesetz. Eltern, die selbst autoritär erzogen wurden, müssen von ihren Kindern nicht zwangsläufig auch Unterordnung unter die elterliche Autorität fordern.

Eltern haben die Möglichkeit, sich als Erwachsene kritisch damit auseinander zu setzen, wie sie von ihren eigenen Eltern behandelt wurden, und sich gegebenenfalls für einen anderen Weg zu entscheiden. Sie gewinnen dadurch ein Stück Autonomie oder Willensfreiheit, das sie später auch ihren Kindern zugestehen.

Situationsabhängig reagieren

Während des Trotzanfalls eines Kleinkindes bleibt den erwachsenen Bezugspersonen nicht viel mehr übrig als standzuhalten und abzuwarten, bis es sich von selbst wieder etwas beruhigt. Es sei denn, sie entschließen sich, sofort nachzugeben und dem Kind seinen Wunsch zu erfüllen. Nur passiv und gelassen zu bleiben, erweist sich aber oft als schwierig, wenn die Situation zu eskalieren droht, das Kind sich also immer stärker in seinen Trotz und seine Verweigerungshaltung hineinsteigert. Spielt sich das Ganze in einem Supermarkt oder im Wartezimmer eines Arztes ab und sind missbilligende Blicke und kritische Stimmen unbeteiligter Anwesender zu registrieren, wird die Angelegenheit noch komplizierter: Ist es jetzt nicht angezeigt, ein Machtwort zu sprechen und das Kind mit lauter Stimme und sanfter Gewalt in seine Schranken zu weisen? Oder sollte man sich weiter in Geduld und Gelassenheit üben, die Blicke und Stimmen des Publikums ignorieren und dem Kind die Zeit lassen, die es braucht, um seine Fassung wiederzugewinnen? Eine Patentantwort gibt es nicht darauf, jeder Erziehungsberechtigte wird den aus seiner Sicht angemessenen Weg wählen.

Folgende Trotz-Episode ereignete sich tatsächlich: Ein Vater sah sich in einem großen Kaufhaus unvermittelt mit einem Trotzanfall seiner zweieinhalbjährigen Tochter konfrontiert. Nach kurzer Zeit blieben einige Leute stehen, anscheinend um abzuwarten, wie sich die Sache weiterentwickeln würde. Der Vater, dem die Angelegenheit etwas peinlich war, wendete sich den Leuten zu und stellte laut die Frage:»Wissen Sie, zu wem das Kind gehört?« Es dauerte nur wenige Sekunden und der verdutzte Vater nahm zur Kenntnis, dass seine Tochter sich von selbst beruhigt hatte und nach seiner Hand suchte...

Leichter entschärfen lässt sich die Situation in der Regel, wenn sich der Trotzanfall zu Hause abspielt. Die Eltern haben dort zumindest die Möglichkeit, auf Abstand oder sogar aus dem Zimmer zu gehen. Sie können sogar die Tür laut zuknallen und so ihren eigenen Ärger deutlich ausdrücken. Der damit verbundene »Liebesentzug« erweist sich jedoch nicht immer als die Methode der Wahl – vor allem dann nicht, wenn sich der Wutausbruch mit Anzeichen von Hilflosigkeit und Verzweiflung mischt und sich das Kind von den Eltern im Stich gelassen fühlt. Zu Hause können die Eltern aber auch lediglich auf räumliche Distanz gehen und dabei ihr trotzendes Kind im Auge behalten. Sie können ihm, sobald es wieder ansprechbar erscheint, ein alternatives Angebot oder einen Kompromissvorschlag unterbreiten oder ihm Trost spenden oder es mit einer attraktiven Spielidee auf andere Gedanken zu bringen versuchen.

Kinder in der Trotzphase brauchen starke Eltern und starke ErzieherInnen

Wie in den vorangegangenen Abschnitten beschrieben wurde, ist das Verhalten von Eltern und ErzieherInnen gegenüber Kindern in der Trotzphase von verschiedenen Faktoren abhängig wie der konkreten Situation oder der Reflexion eigener Erfahrungen. So wird das im Folgenden beschriebene »ideale« Verhalten sicherlich mehr oder weniger eine Utopie bleiben, denn es orientiert sich ausschließlich an den Bedürfnissen der Kinder und lässt vorübergehend außer Acht, dass auch die Nerven von Eltern und ErzieherInnen nicht aus Drahtseilen gemacht sind. Aber aus den hier beschriebenen Bedürfnissen der Kinder lassen sich interessante Hinweise lesen, in welche Richtung sich Erziehungsberechtigte bewegen können. Kinder brauchen in dieser Zeit Erwachsene, die

- die Kraft haben, ihnen Spielräume zuzugestehen, innerhalb derer sie die Reichweite ihres Willens austesten können.
- die Stärke haben, alle Konflikte aktiv mit den Kindern durchzustehen, ihnen nicht vorschnell Auswege anbieten oder sie ablenken, sondern die Wut der Kinder aushalten und ihnen dabei noch die Zuversicht vermitteln, selbst mit der Situation fertig werden zu können.
- ihnen Aufmerksamkeit und Zuwendung geben, wenn sie sich ohnmächtig und hilflos fühlen.
- Verständnis dafür haben, dass die großen inneren (auch biologischen) Umbauarbeiten, die jetzt anstehen, Kraft kosten, so dass die Kinder manchmal schnell ermüden, sich kaum konzentrieren können und wenig Durchhaltevermögen zeigen.
- Nachsicht üben, wenn die Kinder etwas beginnen und nicht zu Ende führen und manchmal ein Chaos hinterlassen.
- sie nicht drängen fertig zu werden, sondern ihnen Zeit einräumen. Zeit, die sie benötigen, um ihren Willen in die Tat umzusetzen und ihre eigenen Erfahrungen mit der Realität zu machen, die sich manchmal als außerordentlich sperrig erweist.
- berechenbar sind, deren Reaktionen sie vorwegnehmen können und die sich nicht einmal so und einmal so verhalten.
- zu ihnen halten, sie nötigenfalls auch unterstützen und sich damit als zuverlässige Kooperationspartner erweisen.
- sie behutsam auf Veränderungen, z. B. auf die Geburt eines Geschwisters oder einen Umzug vorbereiten, denn das sind für Kinder dieser Altersstufe oft starke »Stressoren«, die sie ohne Hilfe nicht angemessen verarbeiten können.
- sie nach Kräften unterstützen, wenn sie nach Selbstständigkeit streben (vgl. Webfamilie Deutschland 2002).

Dennoch: Es kann durchaus passieren, dass Eltern nicht mehr weiter wissen, den Trotzanfällen ihres Kindes von Mal zu Mal hilfloser gegenüberstehen und mit ihrem Latein am Ende sind. In solchen Fällen können Gespräche mit erfahrenen Eltern im Freundes- und Bekanntenkreis hilfreich sein, gegebenenfalls auch mit den ErzieherInnen der Kinderkrippe. Beratung und Unterstützung bekommt man aber auch von Fachleuten, die in Erziehungs- und Familienberatungsstellen tätig sind.

6.5 Spielen

Das Kinderspiel hat in der Vergangenheit so viel Beachtung als eigenständiges Untersuchungsfeld gefunden und es gibt so viele interessante Forschungsergebnisse für die Altersgruppe der 0- bis 3-Jährigen, dass es sich anbietet, sie hier in einem Kapitel ausführlich darzustellen. Die kindlichen Spiele im zweiten Lebensjahr bezeichnet Piaget als *sensumotorische Spiele* (→ Kap. 6.5.1), darüber hinaus werden weitere Sichtweisen aus der empirischen Spielforschung beschrieben(→ Kap. 6.5.2). Zudem werden folgende Fragen erörtert: Welche Bedeutung hat das Symbol- oder Als-Ob-Spiel (→ Kap. 6.5.3)? Welchen Beitrag leistet das Spielen zur kognitiven Entwicklung (→ Kap. 6.5.4) und wie entwickeln Kinder Interessen durch Spiel und *Exploration* (→ Kap. 6.5.5)?

Warum spielen Kinder? Diese Frage ist viele Jahrzehnte lang sehr kontrovers diskutiert worden. An ihrer Beantwortung haben sich Wissenschaftler aus vielen verschiedenen Disziplinen beteiligt – von Philosophen und Kulturanthropologen über Soziologen und Psychologen bis hin zu Biologen und Humanethologen. Eine wirklich zufrieden stellende interdisziplinär gültige Antwort wurde meines Erachtens bis heute nicht vorgelegt. Veröffentlicht wurden jedoch zahlreiche Modellvorstellungen und theoretische Kon-

zepte und eine kaum noch zu überblickende Fülle von Forschungs-
ergebnissen und Detailbefunden. Als sichere Erkenntnis gilt heute,
dass bereits im Tierreich, insbesondere bei Vögeln und Säugetieren, Verhaltensweisen zu beobachten sind, die alle Merkmale aufweisen, welche auch für das Kinderspiel als wesentlich betrachtet werden:

- Sie werden spontan vollzogen.
- Sie haben keine für die Art- oder Selbsterhaltung notwendige
  Funktion, d. h. sie tragen ihren Sinn sozusagen in sich selbst.
- Sie erfolgen in entspannten Situationen.
- Sie weisen eine variantenreiche, sehr flexible Struktur auf, die
  sich in Abhängigkeit vom Spielgegenstand und den Umweltbe-
  dingungen immer wieder verändert.

Exkurs: Sogar Tiere spielen

Eindrückliche Beispiele vom Variantenreichtum tierischen Spiels
wurden von dem bekannten Verhaltensbiologen Adolf Portmann
zusammengetragen:

»In Zürich (...) wurde eine Verkäuferin auf ein seltsames Klirren
aufmerksam, das sie nicht erklären konnte. Sie fand dann aber
bald heraus – und andere Betrachter bezeugten es – dass es der
Klang von fallenden Eisennägeln war, die auf einer Zementtrep-
pe aufschlugen. Die Nägel kamen von einer Dachtraufe herun-
ter – dort oben saßen die eigentlichen Urheber, ein Taubenpaar!
(...) Von einem nahen, abgeräumten Bauplatz trug die eine Tau-
be im Schnabel die Eisennägel im Steilflug zum Dach. Die andere
nahm die Eisenstücke ab und drehte sie in die rechte Lage. Beide Vögel setzten sich auf die Kante der Traufe, der Nagel wurde
fallen gelassen; beide sahen ihm nach und warteten mit Spannung, wann das Eisen fünfzehn Meter weiter unten auf der Ze-
menttreppe aufschlug. Dann übernahm die eine wieder den Zu-

bringerdienst, das Spiel ging weiter, den ganzen Morgen etliche Stunden lang. Zwei- bis dreihundert Nägel lagen schließlich auf Treppe und Zementvorplatz verstreut, als die Vorstellung zu Ende ging. Zwei Kilo schwer war die ganze Eisenlast, einer der Nägel war 20 Zentimeter lang und 25 Gramm schwer« (Portmann 1973, S. 61 f.).

Es gibt auch eine Reihe von Hinweisen, die belegen, dass von Tieren erfundene Spiele nicht artspezifisch sind, sondern von anderen Arten übernommen werden und zur Ausbildung einer örtlich begrenzten Spielkultur führen. Der Verhaltensbiologe Bernhard Hassenstein z. B. berichtet, dass Dachse, Fischotter und Gämsen immer wieder und über mehrere Tage dasselbe Spielverhalten praktizierten: Die Tiere verwendeten steile Abhänge im Schnee als Rutsche bzw. eine glatte vereiste Rinne als Schlitterbahn (Hassenstein 1980, S. 118). Die meisten Verhaltensbiologen vermuten, dass das Spiel bei Tieren bedeutende Funktionen und damit letztlich auch seinen Platz in der Evolution hat. Weil das Spiel in spannungsfreien Situationen stattfindet, in denen das Tier nicht auf trieb- oder instinktgebundene Verhaltensmuster zurückzugreifen braucht, bietet es ihm Gelegenheit, sich in aller Ruhe auf vielfältige Weise mit den Dingen seiner Umwelt auseinander zu setzen. Zufällig können dabei neue nützliche und für das Überleben mehr oder weniger notwendige Verhaltensweisen entdeckt werden, die manchmal an Angehörige der eigenen Art oder sogar einer fremden Spezies weitergegeben werden. Das geschieht auf dem Weg des Lernens durch Beobachtung eines erfolgreichen Modells. Ein oft in der Literatur zitiertes Beispiel ist das bei einigen westafrikanischen Schimpansenkolonien mittlerweile verbreitete Waschen der Futterkartoffeln.

6.5.1 Schritte der Spielentwicklung nach Piaget

Die Erkenntnisse verhaltensbiologischer Forschung erhärten die Annahme, dass Tiere im Spiel ihre kognitiven, physischen und emotional-sozialen Fähigkeiten trainieren. Diese Betrachtungsweise lässt sich auf das Kinderspiel übertragen, insbesondere auf das Spiel kleiner Kinder. Sie findet sich in abgewandelter Form auch bei Piaget, der das **sensumotorische Spiel** von Kindern auch als *Übungsspiel* bezeichnet.

Sensumotorische Spiele

Die ersten vier der sechs Entwicklungsstufen des sensumotorischen Spiels wurden bereits für das erste Lebensjahr beschrieben (→ Kap. 5.4.3), im zweiten Lebensjahr werden die fünfte und sechste Stufe durchlaufen.

- **13. bis 18. Lebensmonat** *(5. Stufe):* Das Kind kombiniert bereits erworbene Handlungsschemata neu und experimentiert aktiv mit ihnen. Die sich ausbildenden **tertiären Zirkulärreaktionen** (das Kind wiederholt und variiert Handlungen mit einem Gegenstand, um Neues daran zu entdecken), erschließen dem Kind eine Fülle weiterer Handlungsmöglichkeiten, bezogen auf vertraute und neue Gegenstände (→ Kap. 2.4). Es ist in dieser Zeit sozusagen beständig auf der Suche nach attraktiveren Strategien, sich mit Gegenständen auseinander zu setzen, und empfindet es als reizvoll, den Dingen auf den Grund zu gehen. Neu entdeckte Verwendungsmöglichkeiten bereiten ihm Freude, was sich auch darin zeigt, dass es sie ständig wiederholt und zuweilen auch einbettet in Alltagssituationen wie Begrüßungs-, Verabschiedungs-, Reinigungs- oder Zubettgeh-Rituale. Dazu ein schönes Beispiel von Piaget, der seine Tochter im Alter von genau einem Jahr beobachtete:

»(...) sie hält sich die Haare mit der rechten Hand während des Bades. Aber die nasse Hand gleitet aus und schlägt auf das Wasser. J. wiederholt das sofort, legt zunächst sorgfältig ihre Hand auf die Haare und lässt sie dann auf das Wasser fallen. Sie variiert die Höhe und die Position der Hand mehrfach (...) dieses Spiel wird mit ritueller Regelmäßigkeit auch an den folgenden Tagen während des Bades wiederholt. So schlägt sie z. B. (knapp eine Woche später, H. K.) direkt auf das Wasser, sobald sie im Bad sitzt, aber sie hält inne, als ob ihrer Bewegung irgendetwas fehlte; dann legt sie die Hände auf ihre Haare und findet so ihr Spiel wieder« (Piaget 1975, S. 125 f.).

Das »Bad« im Ballbecken – Wahrnehmen und Spielen mit allen Sinnen.

19. bis 24. Lebensmonat *(6. Stufe):* Das äußere Herumexperimentieren, die zielgerichtete Erkundung von Gegenständen und die spielerische Wiederholung erfolgreicher Handlungsstrategien verlagern die Kinder mehr und mehr nach innen. Das fällt ihnen zunehmend leichter, weil sie allmählich lernen, Zeichen oder Symbole zu verwenden, die Objekte und Vorgänge der Umwelt in ihrer Vorstellung in vereinfachter Form abbilden (→ Kap. 2.4) In diesem Alter sind hin und wieder »Aha-Erlebnisse« zu beobachten. Diese machen deutlich, dass sich die Kinder immer mehr vom äußeren Herumprobieren und Versuch-und-Irrtum-Handeln befreien. Sie machen sich nun differenziertere Vorstellungen von äußeren Handlungsmöglichkeiten und können sich effektive Problemlösungsstrategien ausdenken.

6.5.2 Weitere Sichtweisen innerhalb der empirischen Spielforschung

Für Piaget klingt das sensumotorische Spiel mit dem Abschluss des sensumotorischen Stadiums und dem Beginn des **präoperativen Stadiums** (→ Kap. 2.4.) am Ende des zweiten Lebensjahres allmählich ab. Piagets Definition des sensumotorischen Spiels in den ersten zwei Lebensjahren stellt aber nur eine Sichtweise innerhalb der empirischen Spielforschung dar. Es gibt weitere Modelle, die auf Piagets Erkenntnissen aufbauen.

Psychomotorische, relationale und funktionale Spiele

Einige Forscher gehen davon aus, dass sich das sensumotorische Spiel zwar wandelt, aber als **psychomotorisches Spiel** oder Bewegungsspiel (Einsiedler 1994) in entsprechend reiferen sozialen Kontexten noch lange Zeit erhalten bleibt, z. B. als Hüpfspiel, Fangspiel, Rutschen, Schaukeln oder auch als feinmotorisches Geschicklichkeitsspiel wie Mikado, Gummiband- und Murmelspiel. Wolfgang Einsiedler knüpft an den englischen Forscher Brian Sutton-Smith (z. B. 1986, S. 142) an, der an Piagets Fallbeschreibungen bemängelt, dass sie die soziale Einbettung der beobachteten gegenstandsbezogenen Handlungsketten des Kindes unberücksichtigt lassen. Dadurch würden wichtige Aspekte und bestimmte Spielformen nicht thematisiert, bei denen die Bezugspersonen mit dem Kind interagieren und dabei einen Spielgegenstand mit einbeziehen. Einsiedler ist der Auffassung, dass die ersten psychomotorischen Spiele, z. B. das beliebte Ballrollspiel, meist von den Eltern angeregt werden. Er betont, dass es die Anregungen der Erwachsenen oder älteren Geschwister sind, und die von ihnen ausgewählten Gegenstände und Spielobjekte, die ein Kind in Kontakt bringen mit seiner Kultur und es zu einem Mitglied seiner Gesellschaft heranwachsen lassen.

Eine von Einsiedler durchgeführte Auswertung neuerer Arbeiten zur empirischen Spielforschung findet Anhaltspunkte dafür, dass schon gegen Ende des ersten Lebensjahres an die Seite des sensu- oder psychomotorischen Spiels weitere Spielformen rücken, welche deutlich machen, dass die kognitiven Fähigkeiten und insbesondere das Vorstellungsvermögen der Kinder zunehmen:

- Das **relationale Spiel,** bei dem Objekte miteinander in Verbindung gebracht werden, z. B. werden Bauklötze in einen Eimer gelegt.
- Das **funktionale Spiel,** bei dem Objekte funktionsgerecht verwendet werden, z. B. ein Stift zum Kritzeln, eine Bürste zum Kämmen, ein Deckel zum Verschließen eines Gefäßes.
- Das **symbolische Spiel,** bei dem in spielerischen Interaktionen »so getan wird, als ob«. Ein Stöckchen wird so bewegt, als würde sich das Kind kämmen, mit einem Tuch fährt es so über sein Gesicht, als würde es sich waschen.

In mehreren Studien konnte belegt werden, dass das einfache psychomotorische Spiel schon zu Beginn des zweiten Lebensjahres abnimmt und die relationalen und funktionalen Spielformen zunehmen. Auch das **Symbolspiel** gewinnt in den nächsten Monaten an Bedeutung und wird im Laufe des zweiten und dritten Lebensjahres zum **Als-Ob-Spiel** bzw. **Phantasie- und Rollenspiel** ausgebaut (→ Kap. 6.5.3).

Relevanz des sozialen Kontexts

Der **soziale Kontext des Kinderspiels** in den ersten beiden Lebensjahren, insbesondere die Rolle der Eltern, wurde in der von Piaget inspirierten Forschung etwas vernachlässigt und fand erst in den letzten beiden Jahrzehnten vermehrt Beachtung. Mittlerweile untermauern die Ergebnisse einer ganzen Reihe von Untersuchungen, dass der Sensibilität der Eltern große Bedeutung zukommt bei der Entfaltung und Ausdifferenzierung kindlicher Spielformen. Die spielerischen Interaktionen mit den Eltern oder mit ErzieherInnen vermitteln den Kindern aber auch in zwischenmenschlicher Hinsicht wichtige Qualitäten. Sie erfahren kontinuierliche Unterstützung und Anregung, was den Spielverlauf betrifft, und schöpfen aus dem »guten Ende« der Spiele Vertrauen und Sicherheit. Das trägt zum Aufbau einer positiven Bindung bei (→ Kap. 6.3). Sie lernen darüber hinaus viel über die wechselseitige Struktur sozialer Interaktionen wie Nehmen und Geben, Sich-Verstehen und Aufeinander-Eingehen. So betrachtet, kann psychomotorischen Interaktionsspielen durchaus eine *soziobiologische* Funktion beigemessen werden; Kinder profitieren von ihnen in sozial-emotionaler wie in kognitiver Hinsicht.

Der wechselseitige emotionale Bezug, der durch die Spiele hergestellt wird, ist mit dem englischen Begriff compliance (dt. Komplizenschaft) trefflich charakterisiert worden: »Mutter und Kind sind sich einig, außerhalb der alltäglichen Verrichtungen einen Ulk zu machen; sie haben gemeinsam vor, ein Spiel mit ein bisschen Risiko zu spielen; sie können dies, weil sie um ihr gegenseitig gutes Verhältnis wissen« (Einsiedler 1990, S. 69).

Anregung durch dosierte Diskrepanzen

Damit das Spiel im Fluss und spannend für das Kind bleibt, sollte aus Sicht frühpädagogischer Fachleute von Seiten der Erziehungsberechtigten so etwas wie ein mittlerer Anregungsgehalt aufgebaut und aufrechterhalten werden. Das heißt, Eltern und ErzieherInnen sollten in ihren spielbezogenen Handlungen nicht nur beständig vertraute Verhaltensweisen wiederholen, sondern auch hin und wieder überraschende Variationen oder sogar neue Aktionen einstreuen. Dass mittlere Anregungsgehalte oder so genannte **dosierte Diskrepanzen** für eine optimale Förderung – nicht nur des kindlichen Spielens – unverzichtbar sind, wurde in der frühpädagogischen Forschung der letzten Jahrzehnte immer wieder belegt. Mit Hilfe dosierter Diskrepanzen wird die Aufmerksamkeit des Kindes aufrechterhalten und das Spiel bleibt in Gang. Beim Ballrollspiel kann das z. B. dadurch erreicht werden, dass die Eltern die Entfernung oder die Geschwindigkeit des Balls, der zum Kind hin gerollt wird, immer wieder verändern. Über die pädagogische Bedeutung der dosierten Diskrepanzen als vielseitige Förderstrategie auch in anderen Entwicklungsbereichen und späteren Altersabschnitten gibt es zahlreiche interessante Veröffentlichungen (z. B. Sigel u. a. 1991). An dieser Stelle nur so viel: Kinder profitieren auch langfristig von Anregungen und Förderungen, die auf der Strategie der dosierten Diskrepanzen aufbauen. Mit kleinen Einschränkungen gilt: Je früher und umfassender die Anregungen einsetzen, umso weit reichender und tragfähiger sind die Auswirkungen.

Sensible Bezugspersonen sind wichtig für die Entfaltung kindlicher Spielformen.

Selbst die Effekte von punktuellen Förderungen, die also nicht kontinuierlich, sondern nur über eine kurze Zeitdauer erfolgten, lassen sich nicht selten noch zu einem viel späteren Zeitpunkt wieder aufzeigen.

6.5.3 Die Bedeutung des Symbolspiels: So tun »als ob«

Ungefähr um den zwölften Lebensmonat können die ersten Vorläuferformen von **symbolischem Spiel** beobachtet werden:

- Dinge des täglichen Gebrauchs werden verwendet, wie es ihrer Bestimmung entspricht. Ein Spiellöffel wird zum Mund, ein Spielzeugkamm über die Haare geführt.
- Sachen oder Lebewesen werden Qualitäten zugewiesen, die sie aktuell nicht unbedingt besitzen: Der Hund schläft, der Ball rollt.

Es dauert aber noch ein paar Monate, bis das Kind spielerische Handlungen ausführt, bei denen das »Als ob« wirklich deutlich zu Tage tritt, z. B. wenn es sich auf die Seite legt und so tut, als würde es schlafen oder wenn es so tut, als würde es aus einem Spielzeugfläschchen wirklich trinken. Damit ist ein Meilenstein in der kindlichen Spielentwicklung erreicht, der von einigen Spielforschern als besonders fundamental eingeschätzt wird, weil für sie das »So tun als ob« eines der zentralen Wesensmerkmale des menschlichen Spiels darstellt, das allenfalls noch – wenn auch nur ansatzweise – bei Schimpansen und anderen Menschenaffen beobachtet werden kann.

Wieso aber misst man dem »So tun als ob« einen so hohen Stellenwert bei? Die Antwort ist einfach: Weil wir uns dabei ein Stück aus der Realität entfernen und die faktisch gegebene Wirklichkeit ausblenden, zumindest für einen bestimmten Bereich und eine begrenzte Zeit. Damit wird der Weg geöffnet für ein ganz neues Universum, für die innere Welt der Vorstellungen und Phantasien. Das Kind, das diese Stufe

Als-ob-Spiele: Teddy in den Schlafsack und dann das Gute-Nacht-Fläschchen.

erreicht, dokumentiert mit seinem Als-ob-Spiel, dass es sich tatsächlich ein Stück weit von seiner konkret-anschaulichen Umwelt unabhängig gemacht hat. Der Grundstein für die weitere Entwicklung seiner Innenwelt ist damit gelegt.

Die in der Vergangenheit oft gestellte Frage, warum gerade diese Form des Kinderspiels universell verbreitet und für die seelische Entwicklung so bedeutsam ist, lässt sich somit leicht beantworten: Das Als-ob-Spiel ist fundamental für den Prozess der Menschwerdung, in dessen Verlauf ein eigenes Innenleben mit vielfältigen psychischen Funktionen und Strukturen, wie etwa Bewusstsein, Identität oder Gewissen ausgebildet wird. Ohne das Als-ob-Spiel würden wir, den Tieren gleich, immer in die Zwänge des Hier und Jetzt eingebunden bleiben, denn wir hätten keine Möglichkeit, uns zumindest vorübergehend vom faktisch Gegebenen unabhängig zu machen. Sicherlich ist das eine ziemlich vordergründige Antwort auf die gestellte Warum-Frage. Wissenschaftlich anspruchsvollere Antworten, von denen im Folgenden einige kurz erläutert werden, verdeutlichen die Fülle der Funktionen, welche das Als-ob-Spiel in der kindlichen Entwicklung übernehmen kann.

Das Als-Ob-Spiel aus Sicht von Evolutionsbiologen und Entwicklungspsychologen

Als-ob-Spiele werden in der Fachliteratur auch als Symbol-, Phantasie-, Illusions-, Fiktions-, Rollen- oder imaginative Spiele bezeichnet, in Abhängigkeit davon, welcher Aspekt betont wird. Von **Evolutionsbiologen** wird ihnen eine wichtige Funktion in der stammesgeschichtlichen Entwicklung des Menschen zum Homo sapiens beigemessen.

Durch das wachsende Vorstellungsvermögen werden *Hominiden* (Menschen, deren Vorfahren und Menschenaffen) zunehmend unabhängiger von äußeren Reizkonfigurationen. Sie können sich verschiedene Handlungsmöglichkeiten vorstellen und innerlich ausprobieren, ohne sie äußerlich zu vollziehen, und sich schließlich für die

Ausführung der besten Handlungsalternative entscheiden. Dadurch gewinnen sie einen Vorteil gegenüber anderen Arten, die eingebunden in das Hier und Jetzt bleiben und lediglich instinktiv auf äußere Reize reagieren, d. h. auf der Grundlage angeborener Verhaltensmuster. Beim »So tun als ob« gehen Kinder auf spielerische Weise die Handlungsmöglichkeiten durch, die im Hinblick auf ihre aktuelle Umweltsituation gerade vorstellbar sind und üben damit sozusagen für den Ernstfall. So könnte es ihnen irgendwann tatsächlich einmal nützen, sich schlafend zu stellen, auch wenn sie noch munter sind.

Für viele **Entwicklungspsychologen** hat das Als-ob-Spiel vor allem eine Brückenfunktion in der kognitiven Entwicklung. Es schafft eine Verbindung zwischen den frühkindlichen sensumotorischen Schemata (→ Kap. 2.4) und dem späteren logisch-abstrakten Denken. Denn das Als-ob-Spiel bleibt dem, was das Kind tatsächlich wahrnimmt, über weite Strecken verbunden, löst sich aber doch zeitweilig davon, weil das Kind eigene Vorstellungsinhalte entwickelt, diese innerlich ausprobiert und gegebenenfalls auch konkret umsetzt.

Das Als-Ob-Spiel aus psychoanalytischer Sicht

Psychoanalytisch orientierte Forscher haben sich sehr ausführlich mit Hilfe verschiedener theoretischer Ansätze mit dem Kinderspiel und speziell dem Als-ob-Spiel befasst. Aus psychoanalytischer Sicht erfüllt das Als-Ob-Spiel vor allem vier wichtige Aufgaben:

- **Bewältigung von Ängsten, Krisen und traumatischen Erfahrungen.** Das Kind durchlebt im Als-ob-Spiel noch einmal in abgemilderter Form die problematischen und konfliktreichen Ereignisse und schafft es dadurch, diese besser zu verarbeiten.
- **Wunscherfüllung und Verwirklichung des eigentlich Unmöglichen.** Im Als-ob-Spiel kann das Kind sich Dinge wünschen, die in der Realität unerfüllbar bleiben, und in seinen Phantasien diese Wünsche auch ausleben.

- **Abreagieren von Aggressionen.** Durch Als-ob-Spiele können Kinder Versagungen, Misserfolge und andere Frustrationen abreagieren, die sonst zu Aggressionen führen würden. Diese unterdrücken sie, weil sie sonst womöglich bestraft würden. Die angestaute Wut und destruktive Energie kann sich im Als-ob-Spiel ein Ventil schaffen, so wird etwa die Puppe stellvertretend für die Mutter ausgeschimpft und bedroht.
- **Kompensation von Ohnmacht.** Im Als-ob-Spiel kann sich das Kind, das in der Realität klein, schwach und hilflos ist, als stark und mächtig erleben und damit seine faktisch oft gegebene Ohnmacht kompensieren.

Das Als-Ob-Spiel aus Sicht von Pädagogen und klinischen Psychologen

Für **klinische Psychologen und Pädagogen** steht beim Als-ob-Spiel das *intrinsische Moment* im Vordergrund: Die Spieltätigkeit selbst bereitet den Kindern so viel Freude und Zufriedenheit, dass sie sie von sich aus immer wieder aufnehmen. Die dabei erlebten positiven Gefühle vermitteln ihnen Sicherheit, stabilisieren ihr Selbstwertgefühl und tragen so zu ihrer seelischen Ausgeglichenheit und Gesundheit bei. Für Pädagogen haben darüber hinaus die im Als-ob-Spiel gelegentlich erkennbaren irrealen und irrationalen Qualitäten besondere Bedeutung für die Ausbildung von Kreativität, Phantasiereichtum und *divergentem* (von herkömmlichen Pfaden abweichendem) Denken.

Wissenschaftler aus vielen verschiedenen Fachgebieten sind sich einig, dass das Als-ob-Spiel eine überragende Rolle spielt für die kognitive, emotionale, motivationale und soziale Entwicklung des Kindes.

Theoretische Verortung des Als-Ob-Spiels

Wolfgang Einsiedler (1994, S. 85 f.) macht auf eine Möglichkeit aufmerksam, Entwicklungsschritte im Bereich des Als-ob-Spiels systematisch zu erfassen. Hierfür schlägt er drei Dimensionen vor, die sich bei der **theoretischen Verortung des Als-ob-Spiels** als nützlich erwiesen haben: *Dezentrierung, Dekontextualisierung* und *Sequentierung.*

- **Dezentrierung:** Mit Dezentrierung ist das Gegenteil von Ich-Zentrierung (Egozentrik) gemeint. Seit Piagets grundlegenden Forschungen ist bekannt, dass Einjährige noch nicht dezentrieren können und dass sich die Fähigkeit, von der eigenen Sichtweise Abstand zu nehmen, erst allmählich entwickelt (→ Kap. 2.4). Dementsprechend egozentrisch sind die ersten Als-ob-Spiele des Kindes, die sich meist auf die eigene Person und den eigenen Körper beziehen. Es stellt sich z. B. schlafend oder tut so, als würde es sich kämmen. Untersuchungen belegen, dass Kinder bis ungefähr zum 18. Monat hauptsächlich selbstbezogene Als-ob-Spiele bevorzugen. Vom 19. Monat an werden immer häufiger Objekte in die Spielhandlungen eingebaut, so dass die Bezeichnung »fremdbezogenes Spiel« berechtigt erscheint. Anfangs handelt es sich dabei um einfache Spielaktivitäten, z. B. Kämmen oder Füttern einer Puppe. Zu Beginn des dritten Lebensjahres nimmt das Ausmaß an echter Dezentrierung dann allmählich zu. Das Kind spielt z. B., dass der kleine Teddybär von seiner Mutter ins Bett gebracht wird.
- **Dekontextualisierung:** Mit Dekontextualisierung ist die Fähigkeit gemeint, sich vom Kontext unabhängig zu machen. Übertragen auf die Entwicklung des Als-ob-Spiels bedeutet das, dass es Kindern bei der Gestaltung ihres Spiels immer häufiger gelingt, sich von der aktuellen Situation und ihren Bestandteilen zu lösen.
- **Sequentierung:** Mit Sequentierung ist die Fähigkeit gemeint, im Als-ob-Spiel einzelne Sequenzen zu einem immer längeren

Handlungsstrang zu verknüpfen. Erst wird die Puppe ausgezogen, dann gewaschen, dann in ein Nachthemd gesteckt, dann ins Bett gebracht usw.

Eine interessante Untersuchung zum Phänomen der **Dekontextualisierung** hat Fein schon 1975 durchgeführt. Sie bat zweijährige Kinder, eine Phantasieszene nachzuspielen, in der sie ein Pferd füttern sollten. 94 Prozent der Kinder konnten das, wenn ihnen ein Spielzeugpferd und ein Futternapf zur Verfügung gestellt wurden. 70 Prozent schafften es noch, wenn einer der beiden Bestandteile des Als-ob-Spiels – entweder das Pferd oder der Napf – durch ein anderes Objekt ersetzt wurde, z. B. der Napf durch eine Muschel. Wenn aber Spielzeugpferd und Futternapf durch zwei andere Objekte ersetzt wurden, war nur noch ein Drittel der Kinder in der Lage, die Phantasieszene zu spielen.

Die Untersuchung von Fein inspirierte in der Folgezeit viele andere Forscher. Deren Ergebnisse lieferten Belege dafür, dass es Kindern im Laufe des dritten und vierten Lebensjahres immer besser gelingt, reine Phantasiespiele zu spielen, in denen auf faktisch vorhandene Gegenstände gar nicht mehr Bezug genommen werden muss bzw. in denen die Funktion von Gegenständen beliebig umgewandelt werden kann. Auf die außerordentlich wichtige Rolle der Sprache bei der Entwicklung von Als-ob-Spielen weist eine Reihe von Wissenschaftlern hin. Einige gehen sogar davon aus, dass die Ausdifferenzierung von Als-ob-Spielen im Verlauf des dritten und vierten Lebensjahres direkt zur Verbesserung der sprachlichen Kompetenzen der Kinder beiträgt. Forschungsbefunde belegen z. B., dass sprachbehinderte Kinder relativ selten und sprachlich früh entwickelte Kinder relativ häufig bei Als-ob-Spielen zu beobachten sind.

6.5.4 Beitrag des Spielens zur kognitiven Entwicklung

Piaget war überzeugt davon, dass sensumotorische Spiele jedweder Art die kognitive Entwicklung des Kindes positiv beeinflussen. Wenn im Folgenden vom Objektspiel die Rede ist, wird dabei nicht mehr zwischen Objekt- und Sozialspiel unterschieden. Mit Objektspiel sind in erster Linie Spiele gemeint, die sich auf Gegenstände beziehen und allein, gelegentlich aber auch mit Spielpartnern stattfinden können.

Objektspiel oder Sozialspiel?

Die Unterscheidung zwischen Objektspielen und Sozialspielen hält sich hartnäckig, auch unter Fachleuten. Unter Objektspielen werden dabei die gegenstandsbezogenen Spiele verstanden, die in diesem Kapitel bisher als sensu- oder psychomotorische, relationale oder funktionale Spiele beschrieben wurden. Als Sozialspiele werden Spiele mit einem Spielpartner bezeichnet. Bei näherer Betrachtung erweist sich diese Aufteilung als nicht mehr so sinnvoll, denn selbst die typischen psychomotorischen Spiele weniger Monate alter Kleinkinder, die ausschließlich auf einen Gegenstand fokussieren, finden immer in einem sozialen Raum statt. Es wirkt sich z. B. auf das Spielverhalten aus, ob eine wichtige Bezugsperson dabei ist und dem Kind zuschaut oder nicht. Aus der Bindungsforschung ist bekannt, dass die Explorativität und damit die Rate der spielerischen psychomotorischen Aktivitäten des Kindes sinkt, wenn die Mutter nicht anwesend ist. Reine Sozialspiele existieren wohl nur als Fiktion, denn auch wenn explizit kein Spielgegenstand einbezogen wird, so spielt in den allermeisten Fällen zumindest ein fiktiver oder imaginierter Gegenstand eine Rolle im Spielverlauf. Sinnvoller scheint es deshalb, von vornherein davon auszugehen, dass alle Objektspiele immer auch eine soziale Komponente und alle Sozialspiele immer auch eine Objektkomponente enthalten. Damit erübrigt sich auch die Beantwortung der in der Vergangenheit immer wieder gestellten Frage, ob dem Sozialspiel oder dem Objektspiel größere Bedeutung für die kindliche Entwicklung beizumessen ist.

Auch in der neueren Forschung wird betont, dass durch Objekt-spiele die kognitive Entwicklung angeregt und gefördert werden kann. Lange bevor sie krabbeln und laufen lernen, beschäftigen sich Kleinkinder spontan, von sich aus und teilweise sehr ausdauernd mit Gegenständen, die sich in ihrer Reichweite befinden. Sie ergreifen sie, bringen sie in ihre Nähe, verändern ihre Lage, schauen sie sich aufmerksam von allen Seiten an, tasten und manipulieren an ihnen herum, natürlich auch mit den Lippen und dem Mund, lassen sie fallen und heben sie wieder auf. Wenn sie etwas älter sind und sich aus eigener Kraft fortbewegen können, werden ihre objektbezogenen spielerischen Aktivitäten und Erkundungen sicherer und differenzierter. Zielstrebig räumen sie ganze Schränke und Schubladen aus und untersuchen die für sie interessanten Dinge gründlich. Man braucht nicht zweimal hinzuschauen, um festzustellen, dass sie dabei Spaß haben und mit Begeisterung und Konzentration bei der Sache sind.

Mehr Wissen durch Spiel

Fachleute gehen davon aus, dass im Verlauf spielerischer Beschäftigungen mit Objekten grundlegendes Wissen erworben wird.

- **Physikalisches Wissen:**
  - Über die unterschiedliche Beschaffenheit von Materialien (weich, hart, rau, glatt, eben, uneben, steil, flach, niedrig, hoch, kalt, heiß, hell, dunkel, bunt, einfarbig, schwer, leicht usw.)
  - Über einfache statische und mechanische Zustände von Objekten (steht fest, ist zu drehen, zu rollen, zu kippen, zu schaukeln, wippt hin und her usw.)
- **Wissen über räumliche und zeitliche Zusammenhänge von Dingen:**
  - Über den Zusammenhang von Mittel und Zweck (ein Ball dient zum Rollen oder Springen, ein Klotz zum Bauen, eine Schnur zum Ziehen, ein Stift zum Malen)

- Über Relationen (eine kleine Dose passt in eine größere Dose, die wiederum in eine noch größere passt)
- **Ursache-Wirkung-Wissen:** Mobile-Figuren bewegen sich, wenn ich an der Schnur ziehe; es spritzt, wenn ich etwas ins Wasser werfe
- **Permanenz-Wissen von Personen und Objekten:** Menschen und Gegenstände bleiben erhalten, auch wenn sie vorübergehend hinter einer Tür oder einem Schirm verschwinden.

Es liegt auf der Hand, dass mit Erreichen des Krabbelalters das physikalische Wissen des Kindes beträchtlich erweitert und verfeinert wird. Es kann jetzt sein ganzes Zimmer, die ganze Wohnung erkunden und entsprechend rapide wächst sein Wissen über naturwissenschaftliche Zusammenhänge. Ein weiterer enormer Entwicklungsfortschritt findet statt, wenn das Kind laufen gelernt hat und damit noch beweglicher geworden ist, was die Auseinandersetzungsformen mit seiner näheren Umwelt betrifft. Weil es mittlerweile auch immer geschickter mit Gegenständen umgehen und hantieren kann, wird sein physikalisches Wissen differenzierter. Dabei nützt ihm natürlich auch, dass es jetzt anfängt zu sprechen und dadurch immer deutlicher seine Absichten, Bedürfnisse und Wünsche zum Ausdruck bringen kann.

Seit Piagets bahnbrechenden Untersuchungen zur Entwicklung der kindlichen Konzepte von Raum und Zeit wird im Allgemeinen nicht mehr ernsthaft in Frage gestellt, dass schon im Laufe der frühen Kindheit grundlegendes physikalisches Wissen über die Zusammenhänge in der gegenständlichen und sozialen Umwelt erworben wird. Neben den genannten spielerisch-explorativen Erfahrungen im Umgang mit Umweltobjekten müssen aber auch notwendige neurophysiologische Reifungsprozesse im Zentralnervensystem stattfinden, damit dieser Wissenserwerb vonstatten geht. Es sind also immer *endogene* (innere) und *exogene* (äußere) Vorgänge beteiligt, wenn sich auf dieser Altersstufe die **repräsentationalen**

Kompetenzen des Kindes verfeinern (d. h. das Vorstellungsvermögen sich ausdifferenziert) und damit seine Fähigkeit wächst, Symbole, Zeichen und Wörter richtig zu verwenden.

6.5.5 Entwicklung von Interessen durch Spiel und Exploration

Trägt das Spielen dazu bei, dass Kinder eigene Interessen entwickeln und motivgeleitet handeln? Bis heute wird der Beitrag des Spiels zu dieser Entwicklung in der Forschung kontrovers eingeschätzt. Erwähnung verdienen hier vor allem die so genannten **kognitiven oder intrinsischen Motivationstheorien** (z. B. Heckhausen, Rheinberg), aber auch die **Interessentheorien** (z. B. Schiefele 1981, Kasten 1991). Beide Theoriefamilien gehen davon aus, dass sich die Neugier des Kindes sozusagen reflexartig auf neue Umweltgegebenheiten ausrichtet. Daher beschäftigen sie sich mit der Frage, wie diese scheinbar angeborene Neugier aufgegriffen werden kann, um späteres motiviertes oder interessegeleitetes Handeln aufzubauen, z. B. bezogen auf Schulfächer oder Unterrichtsgegenstände. Motivationstheorien und Interessentheorien beschäftigen sich mit **spielerischen** Interaktionen mit Objekten sowie mit **explorativen** Aktivitäten, bezogen auf dieselben Objekte. Diese lassen sich nicht immer eindeutig voneinander abgrenzen.

Auf der Grundlage der Vorarbeiten einer Reihe von anderen Autoren erstellte Wolfgang Einsiedler eine tabellarische Übersicht, in der wichtige Merkmale von Spiel und Exploration einander gegenübergestellt werden (vgl. Einsiedler 1990, S. 74) und somit ansatzweise eine Abgrenzung von explorativen und spielerischen Aktivitäten ermöglicht (→ Tab. 3):

Exploration	Spiel
• tritt auf bei Neugier/Unsicherheit	• tritt auf bei vertrauten Objekten
• dient der Reduktion eines Antriebs (Neugier, Abbau von Unsicherheit), ist also zweckorientiert	• entsteht nicht zur Triebreduktion, sondern um seiner selbst willen, ist also zweckfrei
• steht hoch in der Bedürfnishierarchie	• steht niedrig in der Bedürfnishierarchie
• negative Emotionen: Anspannung, Angst	• positive Emotionen: Entspannung, Freude
• vorsichtiges Verhalten	• energisches Verhalten
• stereotyper Ablauf	• variabler Ablauf
• das Kind fragt sozusagen: Was ist das für ein Ding? Was macht es?	• das Kind fragt sozusagen: Was kann ich damit tun? Kann ich es?

Tab. 3: Wie sich Spiel von Exploration abgrenzen lässt

Gegen einige der in der Tabelle aufgeführten Merkmale lassen sich kritische Einwände formulieren. Beispielsweise widerspricht es dem vorwissenschaftlichen Sprachgefühl, bei »Exploration« die Beteiligung negativer Emotionen wie Anspannung und Angst zu unterstellen oder einen stereotypen Ablauf. Und dass »Spiel« nur bei vertrauten Objekten auftreten und niedrig in der individuellen Bedürfnishierarchie stehen soll, leuchtet auch nicht sofort ein. Andererseits steht die Gegenüberstellung im Großen und Ganzen im Einklang mit dem umgangssprachlichen Wortsinn von »Exploration« als etwas Ernsthaftem, das näher an die Kategorien Arbeit und Leistung zu rücken ist, als dies bei »Spiel« der Fall sein dürfte.

Fließende Übergänge zwischen Spiel und Exploration

Es gibt in der Forschung Belege dafür, dass sowohl psychomotorische Spielaktivitäten als auch explorative Tätigkeiten im Laufe des ersten Lebensjahres zunehmen und dass ungefähr vom zwölften Lebensmonat an beide Aktivitätsformen fließend ineinander übergehen können. Kinder beschäftigen sich z. B. konzentriert und ernsthaft mit einem neuen Gegenstand und stoßen dabei auf immer neue Aspekte und Verwendungsmöglichkeiten desselben, bis ihr Interesse an weiteren Entdeckungen erst einmal etwas abnimmt und sie sich nur noch spielerisch und entspannt mit dem Gegenstand befassen. Im Sinne der *Habituationsforschung* (→ Kap. 4.2.3) haben sie sich jetzt an den Gegenstand gewöhnt und verarbeiten erst einmal die Fülle der neu entdeckten Aspekte. Möglicherweise entwickelt sich dann aus dem Spiel heraus wieder eine intensivere Beschäftigungsform und das Kind beginnt, sich noch einmal mit Spannung und gesteigerter Aufmerksamkeit mit dem Gegenstand auseinander zu setzen. In Abhängigkeit davon, ob sich die erneute Exploration als ergiebig erweist oder nicht, erfolgt eine langsame oder schnelle Habituation und eventuell noch eine weitere spielerische Verarbeitungsphase. Der beschriebene Verlauf kann sich aber auch umkehren: Gegenstandsbezogene Interaktionen haben zunächst spielerischen Charakter, weil das Kind vielleicht gerade aufgewacht ist und seine physiologische Uhr noch auf Entspannung zeigt, werden dann allmählich zielorientierter und ernsthafter und münden schließlich in eine Phase, in der sich das Kind sehr konzentriert mit dem Spielobjekt befasst. Eine trennschärfere Abgrenzung der Spielphase von der Explorationsphase ist allenfalls möglich, wenn physiologische Messungen vorgenommen werden. Folgende Phänomene sind bei **explorierendem Verhalten** zu beobachten:

* Geringere Herzratenvariabilität, d. h. der Herzschlag bleibt gleichförmiger
* Abnehmender Hautwiderstand, d. h. die Haut wird stärker durchblutet und beginnt zu schwitzen.

Bei **spielerischem Verhalten** sind dagegen zu beobachten:

* Größere Herzratenvariabilität, d. h. das Herz schlägt einmal schneller, einmal langsamer
* Zunehmender Hautwiderstand, d. h. die Haut schwitzt nicht und wird normal durchblutet.

Auch wenn weitere physiologische Maße (z. B. Hirnstrompotenziale, Hormonspiegel, Stoffwechsel) einbezogen würden, dürfte das jedoch allenfalls zur Identifikation einer Übergangsphase führen, in deren Verlauf spielerische Interaktionen zunehmend ernsthaften, explorierenden Charakter bekommen bzw. Explorierverhalten zunehmend spielerischer wird. Für eine eindeutige Grenzziehung müssten wahrscheinlich subjektive Angaben der Kinder mit in Betracht gezogen werden.

Flow – ein Phänomen zwischen Spiel und Explorativität?

Flow wurde erstmals von Mihaly Czikszentmihalyi (1986) in seinem Aufsehen erregenden Buch »Jenseits von Langeweile und Angst« näher charakterisiert als eine besondere Art des Erlebens, die sich einstellt, wenn wir uns intensiv, konzentriert, aber mit nicht zu großer Anspannung und positiver Grundstimmung mit einer Sache beschäftigen. Es geht dabei um die Beschäftigung mit einer Sache, die uns über weite Strecken bereits vertraut ist, uns aber immer wieder in ihren Bann zieht, weil im Verlauf der Auseinandersetzung mit ihr beständig neue und überraschende Aspekte auftauchen. Diese faszinieren und begeistern uns derart, dass es passieren kann, dass wir ganz der Beschäftigung aufgehen, in ihr versinken und jedes Gefühl für Zeit und Raum verlieren. Es ist nicht von der Hand zu weisen, dass solches **Flow-Erleben** sowohl Qualitäten von Spiel und Entspannung als auch von Explorativität und Anspannung enthalten kann.

Ungeklärt ist, zu welchem Zeitpunkt in der kindlichen Entwicklung zum ersten Mal Erlebnisformen auftauchen, die zumindest als Vorläuferformen von Flow gelten können. Wirklich schon bei zweijährigen Kindern? Oder müssen die psychischen Funktionen, die Flow erst ermöglichen, wie Konzentration, Aufmerksamkeit und Detailgedächtnis zunächst physiologisch ausreifen, so dass erst bei deutlich älteren Kindern von Flow-Erleben gesprochen werden kann? Diese Frage kann auf erfahrungswissenschaftlicher Grundlage derzeit noch nicht schlüssig beantwortet werden. Interessant sind aber die pädagogisch relevanten Aspekte des Flow-Konzeptes, die von Vertretern der Motivationspsychologie und der pädagogischen Psychologie schon in den 80er-Jahren aufgegriffen wurden, gleich nach Veröffentlichung des Buches von Czikszentmihalyi. Die Herstellung von Flow ist auch für die Frühpädagogik von Interesse, d. h. die Einleitung intensiver Auseinandersetzungen zwischen Kindern und für sie attraktiven Gegenstandsbereichen, die ohne Einflussnahme von außen wie Lob oder Kritik weiterlaufen und immer weiter ausgebaut werden. Die Frage lautet demnach: Was kann von Seiten der ErzieherInnen und Eltern getan werden, damit sich beim Kind ein Flow-ähnliches Erleben aufbaut?

Die Sicht der pädagogischen Interessenforschung

Von der **pädagogischen Interessenforschung** (vgl. Kasten 1991) wurde unter anderem nachgewiesen, dass sich Kinder schon im Alter von drei oder vier Jahren für unterschiedliche Dinge interessieren und auch unterschiedliche Beschäftigungsvorlieben ausbilden. So spielen Jungen häufiger mit technischem und mechanischem Spielzeug, Mädchen häufiger mit Puppen und musisch-kreativem Spielzeug. Diese Unterschiede sind vor allem durch die traditionelle Geschlechtsrollenerziehung erklärbar, sind also nicht angeboren. Doch auch jenseits dieser geschlechtsspezifischen Unterschiede lassen sich Differenzen von Junge zu Junge und von Mädchen zu Mädchen hinsichtlich der bevorzugten Interessenbereiche dokumentieren. Ein Junge interessiert sich stärker für Tiere, ein anderer stärker für Konstruktionsspiele und Baukästen; das eine Mädchen beschäftigt sich häufig mit Puppen, das andere häufig mit Farbstiften und Malkasten.

Diese unterschiedlichen Interessen-Präferenzen müssen, zumindest zu einem Teil, zurückgeführt werden auf unterschiedliche Anregungs- und Förderungsbedingungen in den Elternhäusern. Die Mehrheit der Mütter – das Ehepaar Papousek (1987) geht von ungefähr 80 Prozent aus – erweist sich als durchaus feinfühlig und sensibel im Umgang mit ihren wenige Monate alten Kindern, so dass sich im Laufe des ersten Lebensjahres eine sichere Bindung aufbauen kann (→ Kap. 6.3). Die untersuchte Sensibilität der Mütter bezieht sich in dieser Altersphase vor allem auf die vitalen Bedürfnisse und Zustände ihrer Kinder wie Hunger, Durst, Müdigkeit, Erregung und Anspannung. Aber in welchem Umfang gehen Mütter und Väter feinfühlig auf die Neigungen ein, die ihre Kinder bezüglich Gegenständen, Beschäftigungen oder sozialen Situationen bekunden, wenn sie wach und entspannt sind? Diese Frage wurde bis heute nicht näher untersucht.

Schon Säuglinge haben Vorlieben

Vorlieben für Farben, Geräusche oder Oberflächenbeschaffenheiten sind erstaunlicherweise schon sehr früh zu beobachten. Manche Säuglinge zeigen sich von Geburt an fasziniert von intensiven Farben, schrillen und lauten Tönen oder rauen Oberflächen, während andere eher zarte Pastellfarben, tiefe oder leise Töne und samtweiche Oberflächen bevorzugen. Möglicherweise gibt es so etwas wie eine grundsätzliche, von Anfang an bestehende Wahlverwandtschaft oder Affinität zwischen bestimmten Kindern und spezifischen Gegenständen oder auch Beschäftigungsformen. Diese Affinität könnte z. B. in Verbindung gebracht werden mit anlagebedingten Konstitutions- und Temperamentsunterschieden, *Habituierungsfähigkeiten* (→ Kap. 4.2.3) oder Informationsverarbeitungs-Kompetenzen. Möglicherweise wird sie aber auch beeinflusst von Unterschieden in der vorgeburtlichen Entwicklung, z. B. durch diverse Deprivations-, Anregungs- oder Stressfaktoren.

Sollte es eine solche, schon in der frühesten Kindheit wirksame Präferenz für bestimmte Reizkonfigurationen, Objektqualitäten und Umweltmerkmale tatsächlich geben, und die Wahrscheinlichkeit ist groß, wäre es aus frühpädagogischer Sicht wünschenswert, wenn die Eltern diese tief wurzelnden Neigungen und Vorlieben ihrer Kinder erspüren, aufgreifen und angemessen berücksichtigen würden.

Die pädagogische Interessentheorie (PIT)

Für die von Hans Schiefele und Mitarbeitern Ende der 70er-Jahre formulierte **pädagogische Interessentheorie (PIT)** ist es ein zentrales Anliegen, dass Kinder schon von klein auf Gelegenheit bekommen, eigenständige Interessenbereiche aufzubauen (→ Kap. 2.5.2). Die Erkenntnisse der pädagogischen Interessentheorie wurden seit ihrer Entstehungszeit erfahrungswissenschaftlich überprüft, ihre Praktikabilität wurde für eine ganze Reihe von pädagogischen Anwendungsfeldern nachgewiesen.

Wie gibt man nun Kindern die Gelegenheit, eigene Interessensbereiche aufzubauen? Ihnen die passenden Umweltobjekte und Spielmaterialien anzubieten, ist eine wichtige Förderungsmöglichkeit. Außerdem sollten Eltern und ErzieherInnen ihnen die nötige Zeit geben, sich ausführlich mit dem Objekt zu befassen und sich dabei selbst zurücknehmen, d. h. mit anerkennenden Bemerkungen, Hilfestellungen oder sonstigen Hinweisen möglichst zurückhaltend sein. Es kommt im Wesentlichen darauf an, dass das Kind selbstständig tätig wird und interessante Erfahrungen im Umgang mit dem Objekt macht, die es bewegen, bei der Sache zu bleiben und sich noch ausführlicher mit dem Objekt auseinander zu setzen. Das Kind bestimmt dann auch, wann es aufhören und wann es sich wieder mit dem Objekt beschäftigen will. Pädagogisch sinnvoll ist es, dem Kind eventuell schon beim nächsten Mal, wenn es wieder Interesse bekundet an spielerischen oder explorativen Aktivitäten, ein ähnliches Objekt anzubieten, das aber in einigen Merkmalen vom letzten Objekt abweicht, und beim übernächsten Mal wieder ein anderes und so fort. Wenn Kleinkinder auf diese Weise angeregt und gefördert werden, können sie schon sehr früh breitere Objektbereiche oder Interessenfelder aufbauen, in denen sie sich gut auskennen und mit denen sie sich gerne und von sich aus immer wieder befassen. Dabei könnte es sich z. B. um Objekte wie Tiere, Pflanzen, Bauklötze handeln, die dann ausdifferenziert werden in Objektbereiche wie Zootiere, Säugetiere, Vögel; Blumen, Gartenpflanzen, Bäume; Klötze zum Turmbau, Klötze zum Hausbau usw.

Erwähnenswert ist im Zusammenhang mit der Förderung von Interessen der in einer eigenen Längsschnittstudie (vgl. Kasten 1991) dokumentierte Fall des kleinen D., dessen Eltern schon sehr früh sein Interesse an Tieren aller Art erkannten und kontinuierlich förderten. Mit dieser Unterstützung fiel es D. nicht schwer, seinen zentralen Interessenbereich während der Schulzeit weiter auszubauen, zum Abitur das Leistungsfach Biologie zu wählen und dann ein Biologiestudium aufzunehmen. Der mittlerweile erwachsene D. strebt eine Tätigkeit als Meeresbiologe an und scheint mit seiner Studienfachwahl sehr zufrieden zu sein.

Dieser Fall verdeutlicht, dass es pädagogisch sehr sinnvoll ist, von den Kindern artikulierte Neigungen und Beschäftigungsvorlieben möglichst frühzeitig zu erkennen und kontinuierlich zu fördern. Dadurch werden die Voraussetzungen für spätere Eigenständigkeit und Selbstbestimmtheit der Kinder beim Aufbau umfassender Interessenbereiche geschaffen, in denen sie sich zu Kennern, möglicherweise sogar zu Experten entwickeln, sich aber auf jeden Fall immer wieder mit viel Freude und Engagement betätigen.

7

Entwicklung im dritten Lebensjahr

Das dritte Lebensjahr hat die entwicklungspsychologische Forschung bis heute recht stiefmütterlich behandelt. Jedenfalls wurden im Vergleich zu den vorangehenden und nachfolgenden Entwicklungsabschnitten für diese zwölf Monate deutlich weniger Forschungsergebnisse veröffentlicht. Es handelt sich um die Zeit zwischen dem Kleinkind- und Kindergartenalter, während der keine großen Entwicklungsaufgaben wie z. B. das Laufen- oder Sprechenlernen bewältigt werden müssen. Dieser Entwicklungsabschnitt kann daher als *Phase der Konsolidierung, des Ausbaus und der Verfeinerung* bereits erworbener emotionaler, kognitiver und sozialer Kompetenzen betrachtet werden. Dennoch sind die zwischen dem 25. und 36. Lebensmonat stattfindenden Veränderungen beträchtlich und so augenscheinlich, dass umgangssprachlich oft die Rede davon ist, dass sich Kinder während dieser Zeit zu »richtigen kleinen Persönlichkeiten« mit individuellen Temperaments- und Charaktermerkmalen entwickeln (→ Kap. 7.3). Ebenso entwickeln sich körperliche (→ Kap. 7.1) und kognitive Funktionen weiter und auch im Sozialverhalten sind wichtige Schritte zu beobachten (→ Kap. 7.2).

7.1 Körperliche Entwicklung

Ausbau und Verfeinerung kennzeichnen die körperliche Entwicklung im dritten Lebensjahr. So wird die Motorik runder und flüssiger, das feinmotorische Geschick nimmt zu (→ Kap. 7.1.1). Ein anderer wichtiger Prozess im dritten Lebensjahr ist der Kontrollgewinn über Blase und Darm: Das Kind »wird trocken« (→ Kap. 7.1.2). Und schließlich verändert sich auch sein Schlaf-Wachrhythmus – mit dem Mittagsschlaf ist es oft vorbei im dritten Lebensjahr (→ Kap. 7.1.3).

7.1.1 Motorik

Das Kind lernt hüpfen, springen, rennen und Dreirad fahren. Seine Körperbewegungen werden insgesamt runder, flüssiger und ausgewogener. In der zweiten Hälfte des dritten Lebensjahres kann es beispielsweise:

- von einem Absatz, einer Anhöhe oder einem Stuhl herunterspringen
- problemlos auf einem Bein stehen
- beim Laufen seine Richtung abrupt ändern
- zerbrechliche Dinge vorsichtig tragen
- einen Ball werfen, ohne die Balance zu verlieren
- Treppen steigen, wobei es mit dem rechten und linken Fuß abwechselnd eine Stufe nimmt.

Schwierigkeiten bereitet es ihm noch, einen Ball sicher zu fangen oder eine Treppe herunterzugehen und dabei Fuß vor Fuß zu setzten. Auch ein voll gefülltes Glas zu tragen, ohne etwas zu verschütten, oder über ein niedrig gehaltenes Seil zu springen, fällt ihm noch schwer.

Feinmotorik

Sein feinmotorisches Geschick nimmt beständig zu, was es bei zahlreichen spielerischen Aktivitäten unter Beweis stellt: Mit der Kinderschere schneiden, mit Stiften malen, mit Bauklötzen oder großen Legosteinen bauen, Perlen aufreihen usw. Schon gegen Ende des zweiten Lebensjahres wollen die meisten Kinder nicht mehr gefüttert werden, sondern alleine essen. Mit einem Löffel gelingt ihnen das schon recht gut; manche Zweieinhalbjährige können auch mit einer Gabel schon ganz gut umgehen; aus einer Tasse zu trinken, ohne etwas zu verschütten, schaffen sie immer besser. Im Laufe des dritten Lebensjahres benötigen fast alle Kinder immer weniger Hilfe beim Anziehen und Ausziehen, nur mit kleinen Knöpfen, Reißverschlüssen und Schuhbändern (zum Glück gibt es Klettverschlüsse!) haben sie meist noch ihre Schwierigkeiten.

7.1.2 Trocken-Werden

Gegen Ende des dritten Lebensjahres sind die allermeisten Kinder »sauber« und »trocken«, viele schon deutlich früher. Zu einem nächtlichen Einkoten und Einnässen kommt es nur noch sehr vereinzelt, z. B. dann, wenn Konflikte oder Probleme nicht angemessen verarbeitet werden können.

Für das Thema Sauberkeit gilt auch im dritten Lebensjahr noch das pädagogische Motto: »Mehr begleiten als erziehen« (Kammerer 2003, S. 49 f.). In aller Regel werden Kinder von ganz allein sauber und trocken, sobald die neurophysiologischen und anatomischen Funktionen und Strukturen ausgereift sind.

Die Darmentleerung wird meist wesentlich früher erfolgreich beherrscht als die Kontrolle der Blase. Das hat zwei Gründe:

- Das Kind misst seinem Stuhl einen höheren Stellenwert bei als seinem »Pipi«. Er ist aus seiner Sicht etwas Wertvolles, mit dem man auch spielen kann und von dem man sich nur ungern trennt – schon gar nicht, um es schnöde die Toilette hinunterzuspülen. Es muss im Verlauf des zweiten Lebensjahres erst allmählich lernen, dass die Erwachsenen das ganz anders sehen und darauf bedacht sind, den Kot schnell zu beseitigen.
- Die Empfindungen im Darmbereich, (z. B. das Druckgefühl, das einen vollen Enddarm signalisiert), sind deutlicher und früher wahrzunehmen als die Hinweise auf eine gefüllte Blase.

Fünf Schritte auf dem Weg zur Blasenkontrolle

Dass es bei der Blasenkontrolle um eine etwas schwierigere Aufgabe geht, macht die Auflistung von Gabriele Haug-Schnabel (1999) deutlich, die fünf Schritte auf dem Weg zur Blasenkontrolle unterscheidet:

(1) Während der ersten Lebensmonate verläuft die Blasenentleerung sozusagen unbewusst; sie passiert ungefähr 30mal am Tag und wird vom Kleinkind gar nicht bemerkt.

(2) Um den sechsten Monat herum verringert sich die Zahl der spontanen Harnabgänge auf ungefähr 20. Das hängt mit der Reifung von Nervenbahnen zusammen. Außerdem vergrößert sich das Volumen der Harnblase.

(3) Erst zwischen dem 18. und 30. Monat vollzieht sich ein weiterer wichtiger Reifungsschritt: »Die Dehnungsrezeptoren der Nerven reagieren auf die Weitung der Blasenwand, die Nerven melden die Situation an das Gehirn und dort kann diese Nachricht mittlerweile auch verstanden und geäußert werden« (Kammerer 2003, S. 54).

(4) Im Allgemeinen nicht vor dem Ende des zweiten Lebensjahres ist die Ausdifferenzierung der betroffenen Nervenbahnen so weit fortgeschritten, dass schon die allmähliche Zunahme der Spannung der Blasenwände bemerkt und nicht erst dann reagiert wird, wenn die Blase schon zum Platzen gefüllt ist.

(5) Die meisten Kinder schaffen es nicht vor dem vollendeten vierten Lebensjahr, die Harnentleerung bei gefüllter Blase noch eine kurze Zeit aufzuschieben, bis die rettende Toilette erreicht ist. Viele Kinder können aber schon im dritten und vierten Lebensjahr »auf Kommando« ihre Blase sozusagen vorbeugend entleeren, wenn voraussehbar eine Zeit lang keine Möglichkeit dazu bestehen wird.

Das Entwicklungstempo von Kindern im Bereich der Blasenkontrolle ist sehr unterschiedlich. Es gibt für Eltern daher keinen Grund zur Panik, wenn ihre Vierjährigen nachts immer noch nicht beständig trocken sind: Bei über zwei Dritteln der Vierjährigen kommt gelegentliches Bettnässen vor.

7.1.3 Schlaf-Wach-Rhythmus

Im Laufe des dritten Lebensjahres verkürzt sich die nächtliche Schlafzeit bei den meisten Kindern merklich; die Schwankungsbreite ist jedoch beträchtlich. Manche Kinder kommen mit acht Stunden aus, andere brauchen fast das Doppelte, den täglichen Mittagsschlaf eingerechnet. Beim Ein- und Durchschlafen kann es zuweilen zu Problemen kommen, z. B. wenn das Kind sich gegen gewohnte Zubettgehrituale sträubt oder wenn es nachts durch schlechte Träume wach wird und Schwierigkeiten hat, wieder einzuschlafen. Regelmäßig auftretende Schlafstörungen sind jedoch eher die Ausnahme und meist ein Indikator für Belastungen, die das Kind nicht ohne Hilfe bewältigen kann. Der regelmäßige Mittagsschlaf wird von nicht wenigen Kindern in diesem Alter immer öfter abgelehnt.

7.2 Kognitive Entwicklung und Sozialverhalten

Auch die kognitive Entwicklung und das Sozialverhalten differenzieren sich im Laufe des dritten Lebensjahres weiter aus. Die Spiele der Kinder werden vielfältiger und phantasievoller (→ Kap. 7.2.1) und die Sprache entwickelt sich zum wichtigsten Kommunikationsmittel (→ Kap. 7.2.2). Die Vorstellungen vom Selbst und von Besitz und Eigentum werden differenzierter (→ Kap. 7.2.3) und es bah-

nen sich erste Vorläufer von Empathie und Rollenübernahme an
(→ Kap. 7.2.4).

7.2.1 Spielformen und spielerische Aktivitäten

Das Als-ob-Spiel wird weiter ausdifferenziert, d. h. die Sequenzen
werden länger, die Inhalte vielfältiger und die Komplexität nimmt
zu (→ Kap. 6.5.3). Eingebaut werden beispielsweise die Rollen von
Personen, die die Kinder in ihrer Umgebung wahrnehmen und die
ihnen besonders auffallen, z. B. aufgrund ihrer Haartracht oder
Kleidung. Uniformen sind besonders beliebt. Die Phantasie bekommt in ihren Spielen einen immer größeren Stellenwert. Das
zeigt sich darin, dass sie sich mit imaginären Spielpartnern unterhalten oder Dinge in ihr Spiel einbeziehen, die nur in ihrer Vorstellung existieren.

Versteckspiele bereiten ihnen zunehmend mehr Vergnügen und
mit den erwachsenen Bezugspersonen werden gerne rhythmische
Bewegungsspiele wie Hoppe-Hoppe-Reiter gespielt. Diese Aufgabe übernehmen oft die männlichen Bezugspersonen, die sich im
europäischen Kulturkreis vor allem um die grobmotorische Anregung und Förderung der Kinder kümmern.

Das Zusammenspiel mit anderen Kindern steckt immer noch in
den Anfängen. In der Regel spielen auch die knapp Dreijährigen
nebeneinander und nicht miteinander. Das gilt jedoch nicht für
Geschwister: In Geschwisterbeziehungen kann es schon zwischen
Zweijährigen und ihren älteren Geschwistern zu kleinen koope-
rativen Spielabläufen kommen. In solchen Spielen stellen sich die
Größeren ganz auf die Kleinen ein – das konnten sie im Laufe des
gemeinsamen Heranwachsens erlernen und einüben. Die Bauwer-
ke der Kinder aus Klötzen oder anderen Bausteinen sind noch relativ schlicht. Sie lernen aber im Laufe des dritten Lebensjahres viel

hinzu, z. B. immer höhere Türme zu errichten, Brücken zu bauen und andere Gegenstände (Figuren u. ä.) einzubeziehen.

7.2.2 Sprachliche Fortschritte

Die **sprachlichen Fortschritte**, die das Kind im Laufe des dritten Lebensjahres macht, können nicht losgelöst betrachtet werden von seiner Entwicklung in anderen Funktionsbereichen, z. B. seiner Phantasie und seinem Vorstellungsvermögen, seinen spielerischen Aktivitäten und seinen Interaktionen mit den Eltern und anderen Bezugspersonen und Kindern. Es profitiert in seiner Sprachentwicklung von Fortschritten in diesen anderen Funktionsbereichen und das wirkt wiederum auf diese zurück. Verdeutlichen lassen sich solche produktiven Wechselwirkungsprozesse an einem Beispiel:

Im Normalfall verfügen Kinder gegen Ende des zweiten Lebensjahres über einen Wortschatz von mindestens 50 Wörtern. Es gibt aber auch Kinder, die bereits wesentlich mehr Wörter kennen und verwenden. Die Lebenswelt dieser Kinder ist so strukturiert, dass über den Weg der Förderung ihrer Phantasie und ihrer spielerischen Aktivitäten ihre Sprachentwicklung positiv beeinflusst wird – z. B. durch vielfältige, anregende zwischenmenschliche Kontakte, einfühlsame Eltern, ErzieherInnen oder ältere Geschwister, die viel mit ihnen reden, ihnen vorlesen und ihnen Geschichten erzählen. Die erweiterten sprachlichen Fähigkeiten beeinflussen wiederum die Entwicklung der spielerischen Aktivitäten.

Sätze werden länger

Im Verlauf des dritten Lebensjahres nimmt der Wortschatz deutlich zu, Fachleute gehen von einer Vervierfachung aus: von ca. 250 Wörtern zu Beginn auf ca. 1000 Wörter gegen Ende des dritten Lebensjahres.

Auch die Sätze, die das Kind formuliert, werden länger und grammatikalisch korrekter. Auf einfache Sätze, die aus zwei oder drei Wörtern bestehen und durch Veränderung der Betonung zu Frage- oder Ausrufesätzen umfunktioniert werden, folgen schon bald umfangreichere Satzgebilde. Diese weisen zwar oft eine eigenwillige Wortstellung auf, lassen aber deutlich erkennen, dass das Kind bereits in der Lage ist, in der Satzstruktur weniger wichtige Aussagen den wichtigeren nachzuordnen. Die typische Babysprache, charakterisiert durch Ein- oder Zwei-Wort-Sätze, verschwindet mehr und mehr. Das Kind macht mit seinen sprachlichen Äußerungen eine Mitteilung, die sich an einen bestimmten Adressaten richtet, manchmal auch an sich selbst. Wenn es nicht verstanden wird, reagiert es oft enttäuscht – und die Sprache von Kindern dieser Altersstufe ist für Außenstehende zuweilen schwer zu verstehen. Sein passiver Wortschatz ist deutlich umfangreicher als sein aktiver; das zeigt sich darin, dass es sehr viel von dem, was in seiner Umgebung gesprochen wird, schon richtig versteht.

Sprache wird zum wichtigsten Mittel der Verständigung

Mit ungefähr zweieinhalb Jahren ist die Sprache für das Kind zu einem echten Mittel der Verständigung geworden. Mit ihrer Hilfe nimmt es Kontakt zu den Personen in seinem Umfeld auf und reguliert die Qualität der Beziehung, indem es z. B. offen/freundschaftlich oder abweisend/verschlossen kommuniziert. Im Laufe des folgenden halben Jahres wächst die Bedeutung der Sprache als Kommunikationsmittel beständig weiter. Das Kind hört immer aufmerksamer zu, wenn sich Erwachsene unterhalten, und beteiligt sich an ihren Gesprächen. Es reagiert angemessen auf fast alles, was ihm seine Bezugspersonen sagen, versteht also, was diese ihm mitteilen, wozu sie es auffordern oder was sie von ihm erbitten. Der Wortschatz wird reichhaltiger, weil das Kind neben neuen Wörtern lernt, Adjektive, Adverbien (Umstandswörter) und Präpositionen (Verhältniswörter) richtig einzusetzen. Manche Kinder geraten beim Sprechen zuweilen ins Stocken, weil sie so viel gleichzeitig ausdrücken wollen, viel mehr, als sie im Augenblick sprachlich bewältigen können.

Mit dem vollendeten dritten Lebensjahr beherrschen die meisten Kinder die Umgangssprache, d. h. sie können nicht nur ihre Anliegen und Wünsche artikulieren, sondern auch einfache Situationen und Sachverhalte zutreffend sprachlich umschreiben. Die Grundkenntnisse sind damit erworben, auch wenn die Kinder noch ganz ins Hier und Jetzt eingebunden sind und nur selten einmal über etwas berichten, das nicht zu ihrer unmittelbaren Gegenwart gehört.

7.2.3 Konzepte vom Selbst und von Besitz und Eigentum

Selbst-Bild

Schon zu Beginn des dritten Lebensjahres fangen Kinder an, sich als **Subjekt** zu sehen, d. h. als Individuum, das sich von anderen unterscheidet. Sie lernen ihren Namen und wissen, dass sie Kinder und Jungen oder Mädchen sind. Mit ungefähr zweieinhalb Jahren beschreiben sie sich selbst, indem sie sich auf konkrete, beobachtbare Sachverhalte beziehen wie Fähigkeiten, Kenntnisse, Kleidung oder Besitz. Sie sagen z. B. über sich: »Ich kann ganz hoch klettern.« »Ich kann schon Rad fahren.« »Ich habe eine rote Hose an.« »Ich habe zwei Brüder.« »Ich habe einen neuen Teddy.« Gelegentlich erwähnen sie auch von sich aus, welche Vorlieben sie haben: »Ich spiele gern mit meiner Puppe.« »Ich schaue mir immer die ›Sesamstraße‹ an.«

Die Merkmale, die das Kind aufzählt, um sich selbst zu beschreiben, stehen meist unverbunden nebeneinander. Es verwendet zur Selbstcharakterisierung fast ausschließlich positive Merkmale. Das ist ein Hinweis darauf, dass Kinder auf dieser Altersstufe noch nicht zwischen ihrem idealen Selbst oder Wunschbild und ihrem realen Selbst unterscheiden können.

Auch mit der Kategorie »Geschlecht« lernen die Kinder immer differenzierter umzugehen, z. B. ordnen sie sich dem gleichgeschlechtlichen Elternteil zu und bewerten ihre eigenen Fähigkeiten geschlechtsspezifisch. Die Urteile, vor allem die positiven Reaktionen ihrer Bezugspersonen, werden ihnen dabei zunehmend wichtiger. Die Kategorie »Leistung« nimmt in ihrer Selbstbeschreibung immer mehr Raum ein: Was kann ich schon? Was kann ich noch nicht? Im Ansatz wissen sie auch schon, dass

**Typisch Junge, typisch Mädchen?
Die Geschlechtszugehörigkeit gewinnt für Kinder an Bedeutung.**

sich ihr Verhalten auf das Verhalten anderer auswirken kann. Die Grundlagen für das Verständnis von Zusammenhängen zwischen Ursache und Wirkung sind damit gelegt.

Besitz und Eigentum

Zu ihrem Selbst zählen Kinder auf dieser Altersstufe alles, was faktisch oder auch nur in ihrer Vorstellung zu ihnen gehört. Sie haben somit noch ein sehr weites, undifferenziertes **Konzept von Besitz und Eigentum**. Sie lernen erst allmählich zwischen »Mein« und »Dein« zu unterscheiden und zu akzeptieren, dass Dinge, die ihnen attraktiv erscheinen, anderen gehören und nicht einfach in Besitz genommen werden können. Beispielsweise kann es vorkommen, dass Kinder in diesem Alter sehr heftig, aggressiv und wütend reagieren, wenn ein anderes Kind zum ersten Mal ihr Zimmer betritt und ein herumliegendes Spielzeug ergreift. In ihrem Erleben gehört zu ihrem Selbst auch ihre persönliche Umwelt und alles, was sich darin befindet. Teilen, Abgeben und Schenken lernen sie erst im Laufe der weiteren Ausdifferenzierung ihres Selbst-Konzeptes während der nächsten Monate und Jahre. Hilfreich sind dabei vorbildhafte Modelle, z. B. Eltern, ErzieherInnen oder ältere Geschwister, die freigiebig und großzügig mit ihren persönlichen Dingen umgehen. Besonders nützlich aber sind regelmäßige Kontakte mit Gleichaltrigen *(Peers)*, von denen und mit denen sie lernen können, die Grenzen ihres Selbst genauer zu bestimmen.

Im täglichen Umgang mit den Peers, z. B. in Krippe oder Kindergarten, erwerben Kinder auch ihre Konzepte von Geben und Nehmen und von Helfen und Hilfe-Bekommen. So bauen sie allmählich moralisch relevante Vorstellungen von Fair Play, Gleichheit und Gerechtigkeit auf, die für ihr gesamtes Sozialverhalten große Bedeutung haben.

7.2.4 Empathie und Rollenübernahme

Ein kurzer Blick soll auf zwei soziale Fähigkeiten geworfen werden, deren Ausbildung im Laufe des dritten Lebensjahres vorbereitet wird: Empathie und Rollenübernahme. Beide werden als Teilbereiche **sozialer Kognition** verstanden. Der Begriff »soziale Kognition« entstand in den 60er-Jahren des 20. Jahrhunderts und beschreibt die geistig-verstandesmäßigen Prozesse des Menschen in Bezug auf andere Personen und soziale Zusammenhänge.

Empathie

Empathie meint die Fähigkeit, sich spontan gefühlsmäßig in die Lage eines anderen Menschen hineinzuversetzen. Das deutsche Wort »Einfühlung« trifft diesen Begriff nicht genau. Von Empathie abgrenzen lassen sich *Mitgefühl* und *Mitleid* als innere emotionale

Anteilnahme an einer anderen Person, welche sich in einer misslichen Lage oder Notsituation befindet. An Mitgefühl oder Mitleid schließt sich meist ein konkreter Impuls zu helfen oder zu trösten an. Ebenfalls muss Empathie abgegrenzt werden von einfacher *gefühlsmäßiger Ansteckung.* Diese taucht in der kindlichen Entwicklung schon wesentlich früher auf und kann bereits bei wenige Wochen alten Säuglingen beobachtet werden, wie die Wiener Entwicklungspsychologin Charlotte Bühler berichtete (→ Kap. 6.2.3). Es wird davon ausgegangen, dass es sich bei dieser Gefühlsübertragung um eine angeborene, reflexartige Reaktion handelt.

Erst im Verlauf des zweiten Lebensjahres können sich an spontane Gefühlsansteckungen auch Empathie-Reaktionen anschließen. Das geht einher mit dem Erwachen des Ichs und dem sich langsam ausdifferenzierenden Selbstkonzept. Diese Reaktionen werden von den meisten Forschern jedoch noch nicht als vollwertige Empathie-Reaktionen verstanden, sondern als spontan ausgelöste Gefühlsreaktionen, in denen aber schon wahrgenommen wird, dass es sich nicht um die eigenen, sondern um die Gefühle einer anderen, meist vertrauten Person handelt. Die frühkindlichen Verschmelzungsphänomene, bei denen z. B. nicht zwischen der fremden Bedrängnis und dem selbst erlebten Kummer differenziert werden konnte, finden nun nicht mehr statt. Damit ist ein bedeutsamer Entwicklungsschritt in Richtung Selbst-Abgrenzung und **Dezentrierung** (→ Kap. 6.5.3) getan und die Grundlage für reifere Empathie-Phänomene geschaffen.

Eine etwas deutlichere Differenzierung zwischen dem eigenen Gefühl und dem der anderen Person wird im Verlauf des dritten Lebensjahres möglich. Es ist jedoch noch ein weiter Weg, bis Kinder im späten Grundschulalter es dann wirklich schaffen, sich in ihr Gegenüber angemessen einzufühlen und hineinzudenken. Erst dann lernen sie einzuschätzen, was im Anderen vor sich geht, welche Gefühle, Wünsche und Empfindungen er hat, was er weiß und was er nicht weiß, was er zu tun beabsichtigt und wie er sich ihnen gegenüber verhalten wird. Erst dann steht ihnen die ganze Vielfalt unterschiedlicher Formen der Rollenübernahme zur Verfügung.

Rollenübernahme

Den Begriff **Rollenübernahme** kann man leicht missverstehen. Er leitet sich vom englischen »role taking« ab und wurde in den 60er-Jahren, wahrscheinlich von John H. Flavell (dt. 1975), zum ersten Mal verwendet. Flavell nutzte diesen Begriff, um »(...) den Prozess der Übernahme der Perspektive (...) eines anderen, indem man sich in seine Lage versetzt« (S. 43), zu umschreiben. Rollenübernahme bezieht sich demnach nicht, wie es der Wortsinn nahe legt, auf die Fähigkeit des Menschen, die Rolle eines anderen zu übernehmen, so wie Kinder dies z. B. in ihren Rollenspielen immer wieder tun. Gemeint ist vielmehr die wesentlich umfassendere Fähigkeit, sich ein zutreffendes Bild von der Lage, d. h. der inneren Befindlichkeit und äußeren Verfassung, eines anderen Menschen zu machen. Diese Fähigkeit mit all ihren Facetten und Nuancen wird im Laufe eines langen Lernprozesses erworben, der bis ins Erwachsenenalter hineinreichen kann.

7.3 Entwicklung der Persönlichkeit

»Die haben schon ihre ganz eigene Persönlichkeit!« Was ist dran an dieser Aussage von Eltern und Erzieherinnen über Kinder im dritten Lebensjahr? Was ist überhaupt Persönlichkeit (→ Kap. 7.3.1) und welcher Zusammenhang besteht zwischen Persönlichkeit und Temperament (→ Kap. 7.3.2)? Entwicklungspsychologen haben zu diesen Fragen in den letzten Jahren einige interessante Forschungsergebnisse vorgelegt.

7.3.1 Was ist Persönlichkeit?

In der modernen Psychologie wird fast nur noch der Begriff **Persönlichkeit** verwendet, der verwandte, jedoch stärker wertende Begriff *Charakter* spielt dagegen als Fachterminus kaum noch eine Rolle. Eine Persönlichkeit unterscheidet sich durch bestimmte Eigenschaften oder Merkmale von einer anderen. Diese Merkmale können sich auf äußere, beobachtbare typische Verhaltensweisen der Person erstrecken, z. B. ist sie geschickt oder tollpatschig, aber auch auf innere, zu erschließende Eigenschaften, z. B. kann sie ängstlich oder risikofreudig sein. Solche Merkmale werden als mehr oder weniger statisch betrachtet, d. h. als dauerhaft zur Person gehörend. Und tatsächlich: Wenn wir Kinder dieser Altersstufe miteinander vergleichen, dann fallen manchmal auf den ersten Blick markante Unterschiede auf. In ihnen nicht vertrauten Situationen verhalten sich manche Kinder zurückhaltend und schüchtern, andere neugierig und aufgeschlossen. Einige Kinder erscheinen sehr kompetent, erzählen von sich aus viel, sind gut zu verstehen und bewegen sich gewandt und umsichtig; andere sind das genaue Gegenteil und wirken auf uns, als seien sie in ihrer Entwicklung zurück.

Die Vertreter der modernen Psychologie gehen von einem dynamischen Modell der Persönlichkeit aus. Sie bemühen sich zwar, grundlegende Merkmale der Person zu erfassen, denen sie zumindest teilweise genetische Wurzeln zuschreiben, gleichzeitig gehen sie aber davon aus, dass sich die meisten Merkmale im Laufe der Entwicklung mehr oder weniger stark verändern können. Ein Kind, das im Alter von drei Jahren schüchtern oder gehemmt wirkt, kann schon ein paar Jahre später einen ganz anderen Eindruck machen.

7.3.2 Welcher Zusammenhang besteht zwischen Temperament und Persönlichkeit?

Ist von deutlichen Persönlichkeitsunterschieden zwischen Kindern die Rede, sind häufig Merkmale gemeint, die mit dem Begriff **Temperament** in Verbindung gebracht werden können. Mit Attributen wie lebendig, ungestüm, wild, ruhig oder ausgeglichen charakterisieren wir die uns ins Auge fallenden Temperamentsunterschiede. Welcher Zusammenhang besteht nun zwischen Temperament und Persönlichkeit? Die Temperamentsforschung und die Persönlichkeitspsychologie gingen lange Jahrzehnte getrennte Wege. Die Temperamentsforschung war Angelegenheit der Humangenetik, Konstitutionspsychologie und Zwillingsforschung. Temperament wurde dementsprechend aufgefasst als vererbbares grundlegendes Wesensmerkmal eines Menschen, das eng gekoppelt ist an seinen Körperbau und seine Konstitution.

**Körperbau und Charakter:
Ernst Kretschmers Konzept von 1921**

Ernst Kretschmer unterschied in seinem Klassiker »Körperbau und Charakter« (1921) drei *Körperbautypen*. Typisch für die damalige Zeit, beschrieb er nur die männlichen Varianten.
- **Leptosomer Körperbau:** schlank, schmale Schultern, wenig Muskeln
- **Pyknischer Körperbau:** gedrungen, Neigung zu Bauchansatz, weiche Gesichtszüge
- **Athletischer Körperbau:** kräftig, breite Schultern, starke Muskeln, kantiges Gesicht.

Diesen Körperbautypen ordnete Kretschmer jeweils bestimmte Wesensmerkmale zu.
- **Leptosomer Typ:** *schizothym*, d. h. überempfindlich, ungesellig, kühl und introvertiert

- **Pyknischer Typ:** *zyklothym*, d. h. gutmütig, gesellig, gefühlsbestimmt und extrovertiert
- **Athletischer Typ:** *viskös*, d. h. bedächtig, geistig nicht besonders wendig, ausdauernd und zuverlässig.

Erst in jüngerer Zeit werden vermehrt Bemühungen unternommen, die Ergebnisse der Temperamentsforschung in die Persönlichkeitspsychologie zu integrieren. Heute wird im Allgemeinen davon ausgegangen, dass das Temperament als genetisch verankertes Fundament der Persönlichkeit die Art der gefühls- und verstandesmäßigen Auseinandersetzung mit der Umwelt entscheidend mitbestimmt. Auch Aufmerksamkeitssteuerungs- und Selbstregulierungsfähigkeiten wie Abbau von Spannung bei Stress, werden zur Grundausstattung der Persönlichkeit gezählt und haben vermutlich ebenfalls genetische Wurzeln. Das heißt aber nicht, dass z. B. individuell angelegte Fähigkeiten zur Stressregulation nicht durch Training in einem gewissen Maße verbessert werden können.

Temperamentsfaktoren

Es wurden in der Forschung vier grundlegende **Temperamentsfaktoren** identifiziert, über die heute weitgehend Einigkeit besteht. Man spricht auch von *Dimensionen des Temperaments*.

(1) **Bereitschaft zur positiven Annäherung:** Hierin ist unschwer die *Orientierungsreaktion* wieder zu erkennen, hinsichtlich derer sich schon Neugeborene unterscheiden. Gemeint ist die reflexartige Hinwendung zu neuen, nicht vertrauten Reizkonstellationen (→ Kap. 4.2.3).

(2) **Bereitschaft, mit negativen Affekten und Irritation zu reagieren:** Diese Bereitschaft korrespondiert mit der *Abwendungs- und Angstreaktion*, d. h. mit der ebenfalls schon bei Säuglingen individuell variierenden Fähigkeit, sich mit neuen Reizen mehr oder weniger angemessen auseinander zu setzen. Da-

bei bedeutet »angemessen« die Bereitstellung und Aufrechterhaltung eines mittleren Erregungsniveaus jenseits von Angst
und Langeweile. Kleinkinder mit langen Habituationszeiten
(→ Kap. 4.2.3) entdecken an neuen Reizen immer wieder andere Aspekte und beschäftigen sich entsprechend gründlich
mit diesen. Es kann aber auch sein, dass sie einfach Informationen langsamer verarbeiten. Kleinkinder mit kurzen Habituationszeiten verfügen entweder über eine schnellere In-
formationsverarbeitungsfähigkeit oder erkunden die neuen
Reizkonfigurationen nur oberflächlich bzw. reagieren irritiert
auf diese, weil sie ihnen so wenig vertraut erscheinen, dass sie
sich ängstlich abwenden.

(3) **Kontrollbereitschaft:** Von diesem dritten Temperamentsfaktor wird angenommen, dass er im Laufe der Entwicklung die
Abwendungsreaktion ergänzt und überlagert. Er hat sicher zu
tun mit der ebenfalls von klein auf variierenden Fähigkeit, mit
entstehenden Erregungsniveaus angemessen umzugehen. »Angemessen« würde in diesem Fall bedeuten, Erregungsniveaus
so zu regulieren, dass sie eine mittlere Bandbreite weder über-
schreiten noch unterschreiten, so dass weder ein Übermaß an
Stress entsteht, noch das Interesse zu schnell wieder abklingt
und eine differenziertere Beschäftigung unmöglich wird. Auf
späteren Entwicklungsstufen, im Verlauf der Vorschul- und
Grundschuljahre, werden diese konstitutionell begründeten
Regulations- und Kontrollfähigkeiten ausgebaut zu dem, was
in der Psychologie **Selbstkontrolle** genannt wird. Dazu gehört
z. B. die Fähigkeit, eine spontane Gefühlsreaktion zugunsten
einer nachgeordneten bewussten Handlung zurückzustellen.

(4) **Soziale Orientierung:** Dieser vierte Temperamentsfaktor hat
viel zu tun mit der Bereitschaft und späteren Fähigkeit, auf
Menschen freundlich, aufgeschlossen und vertrauensvoll zuzugehen und ihnen gegebenenfalls Hilfe zukommen zu lassen. Für den *pyknischen Typ* nach Ernst Kretschmer (s. o.) ist
Geselligkeit z. B. ein Wesensmerkmal. Auch hinsichtlich die-

ser grundlegenden sozialen Orientierung unterscheiden sich Kinder von klein auf, womit nicht in Abrede gestellt werden soll, dass die frühkindlichen Sozialisationsbedingungen maßgeblich an der weiteren Entwicklung dieses Merkmals beteiligt sind. Kinder, die mit feinfühligen Eltern aufwachsen, welche ihnen eine sichere Bindung ermöglichen, dürften eine stärkere soziale Orientierung ausbilden als unsicher gebundene Kinder (→ Kap. 6.3.2).

Es besteht in der Psychologie Einigkeit darüber, dass angeborene **Temperamentsfaktoren** in gewissem Umfang mitbestimmen, in welche Richtung sich Kinder in ihren ersten Lebensjahren entwickeln und welche individuellen Persönlichkeitseigenschaften und Merkmale sie dabei ausbilden. Die wissenschaftliche Forschung ist jedoch noch weit davon entfernt, im Detail nachweisen zu können, wie sich z. B. die genetisch verankerte Disposition, positiv auf Menschen zuzugehen, unter anregenden bzw. restriktiven Sozialisationsbedingungen verändert. Nicht von der Hand zu weisen ist jedoch, dass sich **Milieufaktoren**, z. B. der Erziehungsstil der Eltern, günstig bzw. ungünstig auf das Entwicklungsgeschehen auswirken können, in dessen Verlauf sich Persönlichkeitsmerkmale ausbilden, die von der Gesellschaft mehr oder weniger geschätzt werden.

Einfluss der Temperamentsfaktoren auf die Persönlichkeit

In einigen wenigen Untersuchungen wurden die komplizierten Wechselbeziehungen zwischen Temperamentsfaktoren und der späteren Ausbildung bestimmter Persönlichkeitsmerkmale unter die Lupe genommen. Jerome Kagan (1997) konnte z. B. belegen, dass ungefähr 60 Prozent der Kinder, die im Alter von zwei Jahren ängstlich auf neue Reizkonstellationen wie leuchtendes, sich schnell bewegendes Spielzeug, laute Stimmen oder intensive unbekannte Gerüche reagierten, sich im Alter von vier bis fünf Jahren Fremden gegenüber furchtsam und gehemmt verhielten. Bei ungefähr 40 Prozent war dies nicht der Fall. Das stützt die Annahme, dass diese Kinder Sozialisationseinflüssen ausgesetzt waren, welche die Ausbildung einer Disposition »Furchtsamkeit« verhinderten.

Auch die amerikanische Forscherin Nancy Eisenberg und andere (1997) konnten nachweisen, dass Wurzeln **sozialer Gehemmtheit** bereits bei Zweijährigen zu belegen sind. Die Forscher fanden heraus, dass schüchterne, gehemmte Kleinkinder auch noch als Zwölfjährige auf Neues häufig angespannt, furchtsam oder bekümmert reagierten, weitgehend passiv blieben und in ihrem impulsiven Handeln gebremst waren. Es erwies sich zudem als sinnvoll, zwischen einer temperamentsbedingten **sozialen Ängstlichkeit** und einer sekundären Schüchternheit, die sich als soziale Gehemmtheit manifestiert, zu unterscheiden. Letztere wurde signifikant häufiger bei Kindern mit niedrigerem sozialen Status beobachtet, die in ihrer Umwelt Diskriminierungen erfuhren, z. B. von Gleichaltrigen abgelehnt wurden und sich deshalb immer mehr zurückzogen und sozial isolierten.

Angeborene Introvertiertheit oder lediglich Müdigkeit?

Was den dritten grundlegenden Temperamentsfaktor betrifft, Kontrollbereitschaft bzw. die Fähigkeit zur selbstregulierenden Kontrolle, so fanden Grazyna Kochanska u. a. (1997) heraus, dass diese zwischen dem dritten und siebten Lebensjahr generell zunimmt, bei Mädchen stärker als bei Jungen, individuelle Unterschiede aber erhalten bleiben. Belegen ließ sich auch, dass diese Kontrollfähigkeit eine entscheidende Bedeutung hat für die spätere Ausbildung von Komponenten des **Gewissens,** wie moralische Urteilsfähigkeit, Ehrlichkeit oder Widerstandsfähigkeit gegenüber Gewalt ausübenden Vorbildern.

Die bis heute nachgewiesenen Zusammenhänge zwischen wahrscheinlich angeborenen Temperamentsfaktoren und bestimmten Persönlichkeitsfaktoren sind recht dürftig, so dass Theorien über biologisch verankerte Wesensmerkmale nach wie vor in das Reich der Spekulation verwiesen werden müssen. Betont werden kann aber, dass in nahezu allen einschlägigen Untersuchungen die große, um nicht zu sagen ausschlaggebende Bedeutung des Milieus, der Sozialisation und der Erziehung für die Ausbildung von Persönlichkeitseigenschaften zu belegen ist.

Literatur

Ainsworth, M. D. S. u. a. (1978): Patterns of attachment. A psychological study of the strange situation. Hillsdale: Erlbaum

Apgar, V. (1973): Is my baby allright? A guide to birth defects. New York: Simon & Schuster

Bandura, A. (1971): Psychological modelling: Conflicting theories. Chicago: Aldine & Atherton

Blass, E. M. / Ciaramitaro, V. (1994): A new look at some old mechanism in human newborns. Taste and tactile determinants of state, affect and action. Monographs of the Society for Research in Child Development, 59 (1), No. 239

Bertenthal, B. I. / Campos, J. J. / Haith, M. M. (1980): Development of visual organization: The perception of subjective contours. Child Development 51, 1072–1081

Bischof-Köhler, D. (1989): Spiegelbild und Empathie. Bern: Huber

Bower, T. G. R. (1979): Human development. San Francisco: Freeman

Bowlby, J. (1952): Maternal care and mental health. Monographs of the WHO (Vol. II). Genf: WHO

Bowlby, J. (1984): Bindung. Frankfurt/Main: Fischer

Bradley, R. H. / Caldwell, B. M. (1976): Early home environment. And changes in mental test performance in children from 6 to 30 months. Development Psychology, 12, 93–97

Brazelton, T. B. (1973): Neonatal Behavior Assessment Scale. Clinics in Developmental Medicine (Vol 50). London: W. Heinemann

Bronfenbrenner, U. (1976): Ökologische Sozialforschung. Stuttgart: Klett

Bruer, J. T. (2000): Der Mythos der ersten drei Jahre. Weinheim: Beltz

Bühler, C. (1928): Kindheit und Jugend. Leipzig: Hirzel

Bühler, K. (1922): Die geistige Entwicklung des Kindes. Jena: Fischer

Correll, W. (1970): Lernen und Lehren im Vorschulalter. Donauwörth: Auer

Czikszentmihalyi, M. (1986): Jenseits von Langeweile und Angst. Stuttgart: Klett-Cotta

Darwin, C. (1859): On the origin of species by means of natural selection, or the preservation of favored races fort he struggle of life. London: Murray

Dollase, R. (1979): Sozial-emotionale Erziehung in Kindergarten und Vorklasse. Hannover: Schroedel

Einsiedler, W. (1994): Das Spiel der Kinder. Zur Pädagogik und Psychologie des Kinderspiels. Bad Heilbrunn: Julius Klinkhardt

Eisenberg, N. u. a. (1997): Contemporaneous and longitudinal prediction of children's social functioning from regulation and emotionality. Child Development 68, 642–664

Eliot, L. (2002): Was geht da drinnen vor? Die Gehirnentwicklung in den ersten fünf Lebensjahren. Berlin: Berlin Verlag

Erikson, E. (1959): Identität und Lebenszyklus. Frankfurt/Main: Suhrkamp

Fein, G. (1981): Pretend play in childhood. An integrative review. Child Development 52, 1095–1118

Filipp, S.-H. (1990): Kritische Lebensereignisse. München: Psychologie Verlagsunion

Flavell, J. H. (1975): Rollenübernahme und Kommunikation bei Kindern. Weinheim: Beltz

Freud, S. (1938): Abriss der Psychoanalyse. Frankfurt/Main: Fischer

Gibson, E. J. / Walk, R. D. (1960): The »visual cliff«. Scientific American 202, 64–71

Gloger-Tippelt, G. (1988): Schwangerschaft und erste Geburt. Psychologische Veränderungen der Eltern. Stuttgart: Kohlhammer

Grossmann, K. E. (1987): Die natürlichen Grundlagen zwischenmenschlicher Bindungen. In: Niemitz, C. (Hrsg.): Erbe und Umwelt. Zur Natur von Anlage und Selbstbestimmung des Menschen (200–235). Frankfurt/Main: Suhrkamp

Hassenstein, B. (1980): Instinkt, Lernen, Spielen, Einsicht. Einführung in die Verhaltensbiologie. München: Piper

Haug-Schnabel, G. (1999): Wie Kinder trocken werden können. Ratingen: Oberstebrink

Havighurst, R. J. (1948): Developmental task and education. New York: McKay

Heckhausen, H. (1980): Motivation und Handeln. Berlin: Springer

Hoppe-Graff, S. (2000): Spielen und Fernsehen: Phantasietätigkeiten des Kindes. In: Hoppe-Graff, S. / Oerter, R. (Hrsg.): Spielen und Fernsehen. Bern: Huber

Hüther, G. (2001): Bedienungsanleitung für ein menschliches Gehirn. Göttingen: Vandenhoeck und Ruprecht

Kagan, J. (1997): Temperament and the reactions of unfamiliarity. Child Development 68, 139–144

Kammerer, D. (2003): Das dritte Lebensjahr. München: Deutscher Taschenbuchverlag

Kasten, H. (1991): Beiträge zu einer Theorie der Interessenentwicklung. Frankfurt, Bern: Peter Lang

Kasten, H. (2001): Wie die Zeit vergeht. Unser Zeitbewusstsein in Alltag und Lebenslauf. Darmstadt: Primus-Verlag und Wissenschaftliche Buchgesellschaft

Kasten, H. (2001): Keine Angst vor der Angst. Ängste im Lauf unseres Lebens. Darmstadt: Primus-Verlag und Wissenschaftliche Buchgesellschaft

Kasten, H. (2003): Weiblich – männlich. Geschlechtsrollen durchschauen. München: Ernst Reinhardt

Keller, H. (Hrsg.) (2003): Handbuch der Kleinkindforschung. Bern: Huber

Kirkilionis, E. (1997): Die Grundbedürfnisse des Säuglings und deren medizinische Aspekte – dargestellt und charakterisiert am Jungentypus Tragling. Notabene Medici 2, 61–66 und 3, 117–121

Klaus, M. H. / Kennell, J. H. (1987): Mutter-Kind-Bindung. Über die Folgen einer frühen Trennung. München: Deutscher Taschenbuchverlag

Kochanska, G. (1997): Multiple pathways to the conscience for children with different temperaments. From toddlerhood to age 5. Developmental Psychology, 33, 228–240

Krapp, A. (2001): Interesse. In: Rost, D. (Hrsg.): Handwörterbuch Pädagogische Psychologie (286–294). Weinheim: Psychologie Verlagsunion

Kretschmer, E. (1921): Körperbau und Charakter. Berlin: Springer

Lersch, P. (1951): Der Aufbau der Person. Stuttgart: Barth

Lorenz, K. (1943): So kam der Mensch auf den Hund. Wien: Borotha-Schoeler

Lückert, H. (1967): Der kleine Leselehrgang. Freiburg: Hyperion

Mahler, M. (1986): Studien über die ersten drei Lebensjahre. Stuttgart: Klett

Meltzoff, A. N. / Moore, M. K. (1985): Cognitive foundations and social functions of imitation and intermodal representation in infancy. In: Mehler, J. / Fox, R. (Hrsg.): Neonate cognition: Beyond the blooming buzzing confusion (139–183). Hillsdale: Erlbaum

Miller, P. (1993): Theorien der Entwicklungspsychologie. Heidelberg: Spektrum

Papousek, H. / Papousek, M. (1987): Intuitive parenting: A dialectic counterpart to the infant's integrative competence. In: Osofsky (Hrsg.): Handbook of infant development (669–720). New York: Wiley

Papousek, M. (1994): Vom ersten Schrei zum ersten Wort: Anfänge der Sprachentwicklung in der vorsprachlichen Kommunikation. Bern: Huber

Pawlow, I. P. (1927): Conditioned reflexes. London: Clarendon Press

Paul, A. / Küster, J. (2003): Impact of kinship on mating and reproduction. In: Chapais, B. / Berman, C. (Hrsg.): Kinship and behavior in primates. New York: Oxford University Press

Piaget, J. (1975): Das Erwachen der Intelligenz beim Kinde. Stuttgart: Klett

Piaget, J. (1983): Das moralische Urteil beim Kinde. Stuttgart: Klett

Portmann, A. (1973): Das Spiel als gestaltete Zeit. In: Flitner, A. (Hrsg.): Das Kinderspiel (55–62). München: Ernst Reinhardt

Preyer, W. (1882): Die Seele des Kindes. Leipzig: Barth

Rauh, H. (1995): Frühe Kindheit. In: Oerter, R./Montada, L. (Hrsg.): Entwicklungspsychologie. Ein Lehrbuch (167–248). Weinheim: Beltz/PVU

Rheinberg, F. (1989): Zweck und Tätigkeit. Motivationspsychologische Analysen zur Handlungsveranlassung. Göttingen: Hogrefe

Sarimski, K. (1993): Interaktive Frühförderung – Behinderte Kinder: Diagnostik und Beratung. Weinheim: Beltz/PVU

Schiefele, H. (1981): Interessen. In: Schiefele, H./Krapp, A. (Hrsg.): Handlexikon zur Pädagogischen Psychologie (192–196). München: Ehrenwirth

Schleidt, M. (1989): Die humanethologische Perspektive: Die menschliche Frühentwicklung aus ethologischer Sicht. In: Keller, H. (Hrsg.): Handbuch der Kleinkindforschung (15–29). Berlin: Springer

Sigel, I./Stinson, E. T./Flaugher, J. (1991): Socialization of representational competence in the family. The Distancing Paradigm. In: Okago, L./Sternberg, R. J. (Hrsg.): Directors of development – Influences on the development of children's thinking (234–249). Hillsdale: Erlbaum

Singer, W. (2000): Was kann ein Mensch wann lernen? Universitas 663/664, 1011–1019

Skinner, B. F. (1973): Wissenschaft und menschliches Verhalten. München: Kindler

Spitz, R. A. (1945): Hospitalism: An inquiry into the genesis of psychiatric conditions in early childhood. Psychoanalysis Study of the Child, 1, 153–172

Sroufe, L. A./Waters, E. (1977): Attachment as an organizational construct. Child Development, 48, 1184–1199

Sutton-Smith, B. (1986): The metaphor of games in social science research. In: van der Kooij, R./Hellendoorn, J. (Hrsg.): Play, play therapy, play research (35–65). Berwyn: Swets Northamerica

Thelen, E. (1995): Motor development: A new synthesis. American Psychologists, 50, 79–95

Thorndike, E. L. (1906): Formal discipline. In: Thorndike, E. L. (Hrsg.): The principles of teaching based on psychology (35–56). New York: Seiler

Wachs, T. D./Gruen, G. E. (1982): Early experience and human development. New York: Plenum

Wilkening, F./Krist, H. (1995): Entwicklung der Wahrnehmung und Psychomotorik. In: Oerter, R./Montada, L. (Hrsg.): Entwicklungspsychologie (395–417). Weinheim: Beltz/PVU

Wishart, J. G./Bower, T. G. R. (1984): Longitudinal study of the development of the object concept. British Journal of Developmental Psychology, 3, 243–258

Register